校园 反欺凌教育读本

XIAOYUAN
FANQILING JIAOYU DUBEN

本书编写组◎编

U0833747

海峡出版发行集团 | 福建人民出版社
THE STRAITS PUBLISHING & DISTRIBUTING GROUP | FUJIAN PEOPLE'S PUBLISHING HOUSE

图书在版编目（CIP）数据

校园反欺凌教育读本 /《校园反欺凌教育读本》编写组编. --福州: 福建人民出版社，2019.3（2022.2重印）

ISBN 978-7-211-08129-5

Ⅰ.①校… Ⅱ.①校… Ⅲ.①校园—暴力行为—预防—中小学—课外读物 Ⅳ.①G634.203

中国版本图书馆CIP数据核字（2018）第290723号

校园反欺凌教育读本

XIAOYUAN FANQILING JIAOYU DUBEN

编　　者：本书编写组
责任编辑：程顺祺
出版发行：福建人民出版社　　电　　话：0591-87604366(发行部)
网　　址：http://www.fjpph.com　　电子邮箱：fjpph7211@126.com
地　　址：福州市东水路76号　　邮　　编：350001
经　　销：福建新华发行（集团）有限责任公司
印　　刷：福建建本文化产业股份有限公司
地　　址：福州市仓山区建新镇十字亭路4号
开　　本：700毫米×1000毫米 1/16
印　　张：7
字　　数：101千字
版　　次：2019年3月第1版　　2022年2月第4次印刷
书　　号：ISBN 978-7-211-08129-5
定　　价：24.80元

编者的话

近年来，校园欺凌和暴力事件呈高发势头。《中国青年报》的一项小范围调查显示，59.4%的受访者都经历或目睹过校园欺凌事件。校园欺凌往往发生在学生群体中，相对隐蔽，监护人和老师难以发现，更谈不上及时引导和救助。长久以往，其受害者或多或少会出现厌学、仇视社会、社交恐惧等情绪，严重制约青少年健康成长。校园欺凌，不是一个“开过分了的玩笑”。目前由于多种原因，我国对校园欺凌事件的有效预防，事件发生时的及时、妥善处理，事件发生后的惩戒和科学教育，都缺乏相应科学有效的应对机制。学校及整个社会对于校园欺凌的危害性和应对方法，亟待在深层认知上提高。

为了治理校园欺凌，近年来教育部频频发文。2016年11月，教育部等九部门联合印发《关于防治中小学生欺凌和暴力的指导意见》。意见强调必须加强教育预防、依法惩戒和综合治理，切实防治学生欺凌和暴力事件的发生；特别是对犯罪性质和情节恶劣、手段残忍、后果严重的，必须坚决依法惩处。2017年11月，教育部等十一部门印发《加强中小学生欺凌综合治理方案》，方案要求全国各地各有关部门将按照属地管理、分级负责的原则，对校园欺凌进行综合治理，结合本地区、本部门实际制定具体实施方案。

校园欺凌事件频发，有其复杂的成因，干预的尺度也不易把握。这就更需要学校、家庭、社会各界以更为积极的态度承担起预防校园欺凌的责任。青少年是祖国的未来、民族的希望。校园是他们学习成长、健康成长的地方，不应该是恃强凌弱、欺凌霸道甚至上演“全武行”的地方。为深入贯彻落实教育部等相关部门关于防治中小学生欺凌与暴力的有关文件精神，我们在广泛调研的基础上，组织有关专家精心编写出版了《校园反欺凌教育读本》。在本书中，我们将一起来探究校园欺凌的特点、表现形式、危害、主体所应承担的法律责任以及如何预防和应对校园欺凌。希冀通过本书的出版发行，可以让全社会从根本上认识到欺凌事件的深层次危害，及时干预任何欺凌和暴力行为，尤其不能纵容甚至包庇，让每一个孩子都快乐健康地学习成长。

校园欺凌，是对“祖国花朵”的摧残，我们每个人都有校园反欺凌的责任和义务。避免校园欺凌，让老师、家长与学生之间，尊重彼此、珍爱彼此，校园才会真正成为充满温暖和希望的地方。冀望本书能够为切实推进校园反欺凌教育工作贡献绵薄之力，但由于时间仓促，编写水平有限，本书还有待读者、专家多提宝贵意见，以日臻完善。

编者

2019年1月

目录 Contents

第一章
认识校园欺凌

关于校园欺凌，大家也许不陌生，在同学们的周围时常发生，而且有愈演愈烈的趋势。近年来，关于恶性校园欺凌的新闻不断涌现在我们的眼前，其内容和影响让我们触目惊心，也不禁引发我们深思。

一、什么是校园欺凌

课间时间，初一年级学生小青因怀疑同班同学小燕出于对她不满而朝她翻白眼，便和5名女生强行把小燕带到教学楼女卫生间，对小燕连扇耳光并推搡。事情发生后约10分钟，班主任接到学生报告，并立即通知学生处。学生处及时进行调查处理，并通知双方家长前来学校协助处理。

小红是一个戴着眼镜长满青春痘的女生，因为长相不好看，被班上同学戏称为“班花”。刚开学时，科任老师由于对学生不熟悉，常常会问有哪位同学愿意回答问题，这时往往会有一群人起哄：“班花班花……”，小红因为脑子不太灵活，常常会乱答一通，这时同学们或揶揄或发出作呕的声音。

以上案例里的小燕和小红遇到的就是典型的校园欺凌。校园欺凌是指无论是发生在学校校园内，还是在学生上学或放学途中，或是在学校的教育活动中，由老师、同学或者是校外人员蓄意或者恶意通过肢体、语言、网络、器械等手段，对老师和学生实施欺负、侮辱造成的伤害行为。这种行为对老师和学生的身体、心理、名誉、权利、财产等都造成不同程度的损害。小燕遇到的欺凌就是典型的肢体欺负。其形式上不仅是案例中的以多欺少，还可以是一个欺负一个，这种肢体欺负给人的身体造成的伤害是最大的，也是最直接的。语言欺凌也是一种常见的欺凌，欺凌者通过恶意的语言、给别人取绰号、散播谣言等方式来实施伤害。小红遭遇的就是这种方式的欺凌，这种欺凌方式给受害者带来的往往是心理伤害。

二、校园欺凌的特征

1.行为具有针对性

在校园欺凌中，受欺凌者都有一定的共性，是欺凌者专门针对的对象。一般的受欺凌者，或者是性格内向懦弱，或者是老实胆小怕事，或者是智力和语言表达与常人不同，又或者是外表有独特之处，此外，部分优秀的学生也会被侵害。

在外地工作的丁先生夫妇有一个乖巧温顺的女儿，小姑娘一向听话，不与人起争执，甚至有时显得懦弱。因为工作原因，夫妻二人将孩子送到寄宿学校。最初的时候，孩子在学校过得比较开心，但过了一段时间后，孩子突然给妈妈打电话，哭着要回家，不想上学了。夫妻俩这才知道，女儿寝室中其他四个同学（都不满10岁）经常联合起来欺负女儿：寝室的杂活都让女儿一个人干，如果她不干，另外四个人就一起骂她，甚至打她。这次恰逢开运动会，4个同学中的一个带的零食丢了，也迁怒于女儿没有替她保管好，让女儿赔偿。可怜的孩子身上只有一点零花钱，没有办法达到她的要求，所以不得不鼓起勇气给妈妈打电话。据孩子说，寝室中的四个女同学还联合起来用彩笔在她头上乱画，用剪刀剪她的头发……

案例中丁先生的女儿就是一个表现乖巧、性格温顺懦弱的孩子，像这种孩子经常会成为被欺凌的对象。

2.行为具有反复性、报复性

同学间的偶尔捉弄、开开玩笑在青少年成长过程中较常见，但欺凌行为一旦发生，就会反复出现。如果旁观者对欺凌行为默不作声，甚至叫好，就会助长欺凌者的行为，导致欺凌现象越来越多。特别是当被欺凌者的告发使欺凌者受到批评时，欺凌行为就会变本加厉，这也使被欺凌者越来越不敢反抗和告发欺凌者，默默忍受身体和心理的伤害。

小柔是个到新学校六年级的转校生。她在以前的学校读书时与另一个女孩有矛盾，这个女孩转入新学校后，看到小柔也转入该校，非常生气，就唆使其他同学找茬，制造冲突。小柔虽然忍让，但是找茬的女生们步步紧逼。小柔不小心踩了一个女孩的脚，她们就开始殴打小柔，扇耳光，拳打脚踢，逼她下跪。小柔父亲向记者出示了两段录像资料。小柔曾一度连续3天被打，其中一日，小柔被六七名女生围殴近1个小时，直到老师发现并予以制止。记者在这两段视频中看到，小柔被打的地方，一处是墙角，另一处是树林。视频很清晰，小柔被六七名女生逼到墙角，用双手捂住脸。打人者不断地扇小柔耳光，过程中伴随着辱骂，一边打还一边喊："把头抬起来，抬头……"在几名女生殴打小柔的过程中，有四五名学生一直在劝说和制止。

案例中的小柔被连续打了三天，并且还被录下视频，这种行为已经不能用恶劣来形容了。在这个案例中，校园欺凌的报复性被体现得淋漓尽致，校园欺凌的反复性也特别明显。

思考

平时你有反复被同学欺凌过吗？当你被同学欺凌后会跟家长或者老师告发吗？看到校园欺凌事件正在发生，你会上前制止还是在旁边叫好？

3.形式多样化

校园欺凌的形式是非常多样的，一般包括谩骂、殴打、孤立、起绰号、恐吓、勒索、破坏财物等，更有甚者还脱衣服、录制侮辱性的视频等。

一名网友在QQ空间上传了一段女中学生打人的视频。在短短数分钟的视频中，打人者逼迫被欺凌者脱衣服、下跪磕头，并多次扇其耳光，欺凌侮辱手段多又狠，让人感到既寒心又气愤。

在这个案例中，欺凌者所用的方式包括了殴打等各种凌侮人的手段，让人很难相信这是中学生做出来的事情，也体现了校园欺凌行为形式的多样化。

4.行为具有隐蔽性

校园欺凌往往比较难以发现，实施欺凌行为一般会选择较为隐蔽的地方，如学校寝室或上学、放学途中，而且欺凌过后，欺凌者会反复恐吓被欺凌者不准告发，否则会有更严重的下场。加上学生们本身就喜欢打闹，因此很多时候，相当多的学生无法区别什么样的行为才是欺凌行为，总是默默忍受，或者认为习惯了就好。由于行为的隐蔽性，家长和老师通常也很难判断孩子是否遭遇欺凌。

小林和小韩上学和放学都结伴而行。最近一段时间以来，小林经常发现在上学的路上，小韩的同学看到他，戏谑地叫他“笨瓜”，同时还故意掐小韩的脸。甚至有几次放学时，小林等小韩很久，也没见他出来，于是到班级找小韩，发现小韩在厕所里洗脸。追问原因，小韩说几个同学和他闹，把他推到了厕所里，差一点被按到蹲便池里。小林认为这些同学在欺负小韩。但是小韩认为这些同学只是和自己开玩笑。他苦笑地说：“谁让咱人缘好，长得还圆润呢。”

案例里的小韩就是区分不清什么是玩闹和欺凌，小韩的同学对小韩的行为已经属于欺凌了，如果不加以制止，长此以往，他受的欺凌只会越来越严重。

知识小链接

正常的同学关系是什么样的

同学是在学校一起学习的伙伴，正常的同学关系是友好、和谐、平等、互助的。同学在交往中，要保持独立而完整的人格，做到自尊、自爱、自强、不卑不亢和礼貌待人，客观评价他人，取他人之长补己之短。要学会关心他人，体会及体谅他人的处境，乐于奉献，甘于付出。

5.力量的悬殊性

在校园欺凌的事件中，欺凌者和被欺凌者的力量存在一定的差异，是一种以大欺小、以多欺少的行为。因此，校园中比较弱小的学生是最容易受到欺凌的，他们没有还手的力量。在校园欺凌中，还经常存在高年级的学生欺负低年级的学生，这是一种很典型的以大欺小的校园欺凌行为。

三、不同形式的校园欺凌

1.言语欺凌

小华是一名六年级的学生，容貌一般，全班同学却都说她长得丑，给她取了外号，叫“鬼见愁”。小华经常受到同学们的嘲笑和孤立，打扫卫生时，她的桌椅永远没有人愿意擦。偶尔会有男同学故意碰一下她的桌子，然后装模作样地干呕半天，有的同学就在一边哈哈大笑。

第一章
认识校园欺凌

小华遭遇的事情就是很典型的语言欺凌，相信很多同学都有类似的经历：被人取外号，或者用不雅的词语开玩笑，甚至辱骂等。所谓的语言欺凌就是青少年学生通过侮辱歧视性的语言对他人进行人身攻击，给他人的人格尊严、个人名誉、人际关系以及心理健康都造成了伤害。这是最经常发生却又最不容易被发现的校园欺凌行为，也是最容易被人忽视的。由于语言欺凌的伤害并不是最直接的，往往对被欺凌者的心理健康伤害最大，除非被欺凌者自己向老师和家长说出情况，否则是很难被发现的。

语言欺凌的形式多种多样，一般包括：（1）使用恶意的语言，说脏话粗话，包括使用不雅的网络词语；（2）对同学进行语言威胁、恐吓；（3）嘲笑揶揄他人，如取绰号；（4）传播谣言和错误的信息，在背后说人坏话；（5）命令使唤他人；（6）指桑骂槐，即表面上骂甲同学，实际上骂乙同学；（7）轻视诽谤他人，对他人的人格、出身、能力、长相等方面进行言语攻击。

思考

你在学校里有被人叫“傻瓜”“笨蛋”“乌龟”“蠢货”等的经历吗？当被这样叫的时候，你会觉得只是同学之间的玩笑还是会感到失落呢？如果你同学被取绰号，你会跟着一起叫吗？

名人名言

我们应当留意自己不用语言去伤害别的同志，但是，当别人用语言来伤害自己的时候，也应该受得起。

——刘少奇

2.身体欺凌

多名男子在露天公厕内殴打学生的视频通过微博曝光后迅速发酵，引发热议。视频显示，一名身穿黑色夹克的男生被多名男子围殴。打人者除用脚踢踹学生头部外，还将该学生的头按进公厕粪坑，过程持续40余秒。被围殴的男生左脸淌血，脸上有多处擦伤并沾有污秽物，打人的男子除全程欢呼雀跃外，还追问被打男生所在学校的事情。

这个案例毫无疑问就是一个身体欺凌事件，视频中的受欺凌者被多名男子围殴，不断被人用脚踹，脸上流血，身体安全受到了严重的侵害。身体欺凌是指欺凌者直接用身体力量或者借助器械对人的身体进行攻击，其表现形式为推搡、抓挠、拳打、脚踢、咬、掐、捏等行为。这种欺凌方式给人的伤害是最直接的，首先是身体的伤害，轻则小伤，重则死亡；其次是心灵的伤害，受过身体欺凌的学生一般会对生活有畏惧感，也会失去信心，增加焦虑。

3.关系欺凌

学生小芳因为父母工作的变化，转学到一所新学校。在这里偶遇原来学校的一个男生，因为两人曾经是校友，于是就比较亲近了些。然而，新学校的一个女生小贝看到这种情况就特别不高兴，嫉妒小芳。于是小贝就和班级的同学讲小芳的坏话，编造了许多谣言中伤小芳，以至于小芳在这所新学校受到了大家的孤立和排挤。长期下来，小芳的情绪积压在一起，内向的她又不愿意找别人倾诉自己的烦恼，情绪变得越来越糟糕，她开始不愿去上学，并且最终患上了抑郁症。

小芳在学校里受到孤立就是关系欺凌。所谓关系欺凌是指受欺凌者的人际关系被欺凌的行为，其表现形式为散播谣言、社交孤立等。关系欺凌相比语言欺凌和身体欺凌，其隐蔽性更强，影响更加深远，有报告显示，受过社交欺凌的学生，70%都患有心理疾病，对今后的人生产生或大或小的影响。

【故事学习】

被同学孤立的滋味真不好受

本来，微机比赛前我和付雨欣处得挺好的，但就是因为微机比赛，付雨欣开始排斥我……

微机比赛那天，我们班五个参赛的同学都画好了草稿，准备按照草稿进行比赛。当我们互相交换图纸时，我发现付雨欣画的袜子挺有新意，也十分别致，我就把它画到了图纸上。可谁知，付雨欣知道后大发雷霆，在众目睽睽下臭骂了我一顿："梁琬璐，你也太不要脸了吧！竟然抄袭我的袜子，我跟你说要是微机比赛你用了这个袜子，你就死定了！"说完她就怒气冲冲地转身离去了……我简直无地自容，真想找个地洞钻进去。从那一刻起，我就下定决心："微机比赛时一定不用付雨欣的原创！"一个下午过去了，微机比赛也结束了，我很庆幸自己没有用付雨欣的原创。本以为她会原谅我，跟我和好，可没想到竟是竹篮打水一场空，付雨欣对我越来越无情了！有一次，我正和明玥玩得很开心时，付雨欣悄无声息地出现在我的面前，我心里一惊，浑身战栗。"以后不许你和我的朋友玩儿！""为什么？"我的眼泪在眼眶里打转。"哼！这就是你得罪我的后果！""对不起，对不起！我真的不是故意要抄袭你的原创，你原谅我好吗?"我抽泣着说。付雨欣听了连头也不回地就把明玥拉走了，只剩下我孤零零的一个人，在角落里静静地哭泣……为什么，为什么要这样对我？我真的不是故意要抄袭你的原创的！

一天上午，正在上体育课，自由活动的时候，我跑去找付雨欣她们玩儿，想缓和一下我们的关系。有人说踢球，我们一致同意。可不知谁冒出一句："多了一个人，不能踢球，必须让一个人走！"付雨欣跑过去和其他几

位同学窃窃私语，商量了一阵后跑过来对我毫不客气地说："梁琬璐，你可以走了！"这声音犹如晴天霹雳，震得我绝望了，震得我心都碎了！我无奈地转过身，泪水不禁夺眶而出，放声大哭，脑袋里一片空白。罗嘉懿赶忙跑到我身旁安慰我，我转过身在她怀里号啕大哭。她帮我讨回公道："多一个人难道就不能踢球吗？"她们思索了一会儿，最后答应让我参加。但付雨欣显得有些不爽。罗嘉懿看见了，就对付雨欣说："即使梁琬璐做错了什么，她已经跟你道歉了，你有必要这样对她吗？你该好好反省一下了！"付雨欣低下头，好像在想着什么，然后有些不好意思地对我说："梁琬璐，对不起，我不该那样对你，原谅我好吗？""我们又是好朋友了对吗？""当然！"我仍然抽泣着，但脸上却有甜甜的微笑……

微机比赛的风波过去了，我和付雨欣又成为往日那对好姐妹，但我一直忘不了被孤立的滋味。

4.财务欺凌

李某是小学四年级的学生，家庭比较富裕，零花钱比较多。有一天他在回家的路上，遇到几个高年级的学生，他们把李某包围起来，让李某把身上的零花钱"贡献"出来。由于这时候路上没有行人，李某只能把身上所有的钱都给了他们，这些高年级的学生还警告李某不准往外说，"不然有他好看的"。李某害怕被他们打，只能忍气吞声。过了几天，李某又遇到了这些高年级的学生，这次他们强行拿走了李某手里的名牌手机。回家后李某的父母发现孩子的手机不见，便追问李某，这才得知孩子被欺凌的事情。

李某遇到的就是财务欺凌。财务欺凌是指通过抢夺、破坏被欺凌者的财物来实施的欺凌，其表现形式包括强行索要钱财，强迫他人交出或者购买学习用品、手机、玩具等，故意破坏他人的财物等。

5.网络欺凌

美国一名12岁初中女孩丽贝卡曾遭受长达1年的网络欺凌。“你应该喝漂白剂去死”“没人喜欢你”“你应该自杀”……在丽贝卡的某社交网站个人页面上，类似这样对她的恶意攻击层出不穷。最终，不堪承受巨大精神压力的丽贝卡，爬到学校附近的一座废弃水泥厂楼顶，纵身跳下，结束了自己的生命。

随着现代科学技术的发展，欺凌者也渐渐开始利用现代化信息技术进行欺凌，案例中的丽贝卡遭遇的就是网络欺凌。社会上对于网络欺凌的定义没有一个统一的规定，比较公认的一个说法是：个人或群体用信息通信技术去伤害他人的反复的敌意行为。欺凌者通常运用社交软件、电子邮件、网站贴吧等工具对他人进行欺凌。其表现形式有：

（1）情绪失控，即向网络上的群体和个人发送粗俗不雅的信息，如脏话、恶俗的表情包；

（2）网络骚扰，即通过社交软件、电子邮件等工具不间断地骚扰他人；

（3）网络盯梢，即通过网络发送伤害性的、威胁性的或者暧昧的语言，例如发死亡威胁邮件；

（4）网络诋毁，即发送针对他人不真实的、有害的信息，并在网络上广泛传播；

（5）网络伪装身份，即伪装成他人在网络上发布信息或者用伪装的身份与被欺凌者聊天并造成伤害；

（6）披露隐私，即把受欺凌者的私密或者令人尴尬的信息发布到网络上，包括被欺凌者的私人信息或图像；

（7）在线孤立，即将某人排除在某一个聊天室或者虚拟社区之外，使之孤立。

与其他传统的欺凌方式相比，网络欺凌具有传播的广泛性和快速性、伤害的间接性和隐蔽性、旁观者的复杂性等特点。当一个学生在网络上发出带有欺凌性的视频和照片或不实的谣言信息，这种视频和照片以及信息会很迅速地被转发，对被欺凌者的名誉和人格尊严产生伤害。

思考

现实生活中，你经历过网络欺凌吗？你有聊得很好的网友吗？你对网友会很信任吗？网友是一种虚拟性的朋友，对待网友，我们切记留心，万不可对网友公布自己的一切信息，因为网友使用的身份信息和发布的言论有可能都是虚假的。

6.性欺凌

小林在课间玩耍的时候不小心撞到了小陈，并踩到了小陈的脚，小林没有及时跟小陈道歉就走了，小陈由此怀恨在心。在一天放学的时候，小陈带了两个同学将小林围堵在厕所，猛踢小林的脚，并且强迫小林脱掉裤子裸露隐私部位，还将整个过程拍摄下来。随后，小陈把这个视频上传到了网络上。

小陈的行为就是实施性欺凌。性欺凌是指强奸或者猥亵被欺凌者，或者通过使用与性相关的语言、动作伤害被欺凌者的行为。这种欺凌方式对被欺凌者的人格尊严和隐私伤害最大，对其心理的伤害也是无法估量的。性欺凌的具体表现形式有：扒衣服裸露身体隐私部位，公开同学裸照，上传同学的裸露视频，猥亵，强制发生性关系等。并不是只有女同学会受到性欺凌，男同学也有可能受到侵害。

7.老师欺凌学生

自习课上，某职业中学学生小波和同学在课堂上嬉戏，值班老师钟某发现了，走过来用手掐住了小波的脖子，勒令其停止。小波不服，用语言对钟老师进行了挑衅。晚自习下课后，钟老师将小波叫到办公室，师生二人在言语上发生了冲突，结果，小波遭到了钟老师的殴打。事后经检查，小波右腰软组织受伤。为此，校领导和钟老师多次登门道歉，并支付了小波的一切医疗费用。然而，小波却从此不愿去上学了。

有人可能会将上述案例定义为体罚事件，即老师体罚学生。但其实，凡是发生在校园内、学生上学或放学途中、学校教育活动中，由老师、同学或者是校外人员，蓄意或者恶意通过肢体、语言、网络、器械等手段，对老师和同学实施欺负、侮辱并造成伤害的行为都是校园欺凌。老师本来是我们在学校里最值得信赖的人，在这个案例里老师却对学生使用了暴力，超出了教育惩戒的范围，属于校园欺凌。老师欺凌学生的形式多种多样，主要有：

（1）对犯错的学生以谩骂或者侮辱的方式进行欺凌；

（2）对犯错学生进行体罚或者变相体罚；

（3）督促其他学生对犯错或者违纪的学生施加欺凌。

有部分老师会以“教育学生”为借口来欺凌学生，认为对学生的一切惩罚都是为了让学生改正缺点，这样子的老师是没有师德的。教育学生并不意味着对学生的身心做出伤害，而是要以正确的教育方式促进学生身心健康发展。老师对学生的欺凌行为，不但给学生造成了肉体上的伤害，而且严重地伤害了学生的心理健康，损害了教师在学生心目中的形象与地位。

【故事学习】

三毛学数学事件

初二的时候，我（三毛）数学总是考不好。有一次，我发现数学老师每次出考试题都是把课本里面的习题选几个题叫我们做。当我发现这个秘密时，就每天把数学题目背下来。由于我记忆力很好，那阵子我一连考了六个100分。数学老师开始怀疑我了，这个数学一向差劲的小孩功课怎么会突然好了起来呢？一天，她把我叫到办公室，丢了一张试卷给我，并且说："陈平，这十分钟里，你把这些习题演算出来。"我一看上面全是初三的考题，整个人都呆了。我做了十分钟后，对老师说不会做。下一节课开始时，她当着全班同学的面说："我们班上有一个同学最喜欢吃鸭蛋，今天老师想请她吃两个。"然后，她叫我上讲台，拿起笔蘸了墨汁，在我眼睛周围画了两个大黑圈。她边画边笑着对我说："不要怕，一点也不痛不痒，只是凉凉而已。"

画完后，她又厉声对我说：“转过身去让全班同学看一看!”当时，我还是一个不知道怎样保护自己的小女孩，就乖乖地转过身去，全班同学哄堂大笑起来。第二天早上，我悲伤地上学去，两只脚像灌了铅似的迈不动，走到教室门口，我昏倒在地上，失去了知觉。从此，我离开了学校，把自己封闭在家里。

思考

案例中，台湾作家三毛有错误吗？你会怎么评价案例中的老师呢？

8.学生欺凌老师

当同学们看到这个类型的校园欺凌时，会不会觉得很诧异呢？老师是学校里的长者，怎么会有同学欺负他们呢？让我们先一起来看下面的案例。

某校邓老师在监督学生停放自行车时因初三年级一名学生没有按规定停放自行车与其发生了冲突，邓老师将此事向学校反映，学校领导便把该名学生叫到办公室教育。从办公室出来后，该学生指

着邓老师说：“我不会善罢甘休的！”结果，放学后，邓老师在学校后门、前门两次被几个学生和社会上的小混混围殴。事情发生后，邓老师和另外三名老师在要求学校提供安全保护失败后，均向学校提交了辞呈。

我们从上面的案例可以看出，学生变成了欺凌者，而老师却变成了被欺凌者。学生欺凌老师的现象是校园欺凌里发生最少的，但是不容忽视，这种行为不仅会伤害老师身心健康，而且会造成极其恶劣的社会影响。

学生和老师之间本应该是亲密和谐的关系，为何会发生这样影响恶劣的事情？主要原因有：

（1）处于青春期的学生对老师管理方式有抵触心理，大部分的学生认为老师的管理方式伤害了他们的自尊，让他们不开心，失去理智，从而对老师出言不逊甚至大打出手；

（2）由于父母的过分宠爱，孩子逐渐“无法无天”的性格，认为每个人都必须听他们的话，即便老师也要对他们言听计从；

（3）老师没有履行好自己的职责，对学生的管理方式不恰当，招致学生的怨恨；

（4）老师自身的威信不够，不足以让学生信服和信任，特别是那些新老师和性格柔弱的老师容易被学生欺凌；

（5）社会大环境影响了学生的价值观，当今社会，人与人之间信任不断缺失，尊师重教的风气也被弱化，使得部分学生越来越不尊重同学，直至发展到欺凌老师。

思考

你认同老师平时对你们的教育方式吗？如果不认同的话，你心里有想过报复老师吗？

名人名言

不管一个人取得多么值得骄傲的成就，都应该饮水思源，应当记住自己的老师为他的成长播下最初的种子。

——居里夫人

师道既尊，学风自善。

——康有为

为学莫重于尊师。

——谭嗣同

第二章
校园欺凌的原因

每件事的发生背后总有许多原因，校园欺凌事件也不例外。每个校园欺凌事件的发生都涉及多方面的因素，包括家庭因素、学校因素、社会因素、个体因素等。我们只有全面深入地分析校园欺凌发生的原因，才能真正寻求有针对性的解决办法，只有从根源上解决校园欺凌，我们才能真正还给孩子们一片健康成长的天地。在这一章节中，我们一起来探讨校园欺凌的成因吧！

一、校园欺凌的客观因素

【故事学习】

战国的时候，有一位很伟大的大学问家孟子。孟子小的时候非常调皮，他的妈妈为了让他受好的教育，花了好多的心血呢！起初，他们住在墓地旁边。孟子就和邻居的小孩一起学着大人跪拜、哭嚎的样子，玩起办理丧事的游戏。孟子的妈妈看到了，就皱起眉头："不行！我不能让我的孩子住在这里了！"她就带着孟子搬到市集旁边去住。到了市集，孟子又和邻居的小孩学起商人做生意的样子，一会儿鞠躬欢迎客人，一会儿招待客人，一会儿和客人讨价还价，表演得像极了！孟子的妈妈知道了，又皱皱眉头："这个地方也不适合我的孩子居住！"于是，他们又搬家了。

这一次，他们搬到了学校附近。孟子开始变得守秩序、懂礼貌、喜欢读书。这个时候，孟子的妈妈很满意地点着头说：“这才是我儿子应该住的地方呀！”

孟母三迁的故事说明了环境会对人的言行举止以及品性产生重大的影响。因此，环境中的各种因素也会影响青少年的社会价值观、世界观、人生观，进而导致校园欺凌现象的发生。

（一）社会因素

1.社会不良风气的影响

我国正处于社会主义初级阶段，这个时期发展经济是十分重要的，货币至上的观念很容易蔓延。在这种情况下，很多人为了利益，容易把社会道义抛诸脑后，这种重利轻义的思想势必影响青少年的价值观。诚实守信是中华民族的传统美德，我们自古便有“民无信不立”的告诫。然而，近年来社会上诚信缺失的现象越来越多，从“假货”到“碰瓷”等一系列不诚信现象的出现，会对人生观、价值观尚未稳定的青少年造成不良的影响。青少年的信仰出现危机，一部分青少年因为缺乏信仰，没有敬畏之心，因此道德滑坡，这就为滋生欺凌事件提供了土壤。

知识小链接

中华民族传统美德知多少

一、忠心报国，勇赴国难。这一美德的行为表现是把民族和国家利益放在至高无上的地位，其深刻的社会责任意识是中华民族性格的一个重要特征。如戚继光组织“戚家军”英勇抗倭；甲午海战中的爱国将领邓世昌、林永升“捐躯赴国难，视死忽如归”，为反抗外来侵略浴血奋战等。

二、国而忘家，公而忘私。这一美德的本质是把“天下为公”作为崇高的理想人格。如大禹治水前后13年，风里来雨里去，三过家门而不入；范仲淹主张“先天下之忧而忧，后天下之乐而乐”；孙中山提倡“天下为公，大同世界”；中国共产党人始终坚持为人民服务。

三、勤劳俭朴，艰苦奋斗。中华民族向来以勤劳勇敢，吃苦耐劳，富有创造力而著称于世。“奉公以勤，律身以俭”“静以修身，俭以养德”等，集中体现了这一美德的内涵。墨子主张“节用”“节葬”“非乐”，反对统治者穷奢极欲、挥霍无度的生活；隋文帝身体力行，崇尚节俭，形成隋初良好的社会风气。

四、不畏强暴，自强不息。这是中华民族独立意识、自我意识和自觉能动性的鲜明标志。如越王勾践卧薪尝胆，“三千越甲可吞吴”，终成霸业；司马迁被处宫刑，历 15 年发奋著成《史记》；徐悲鸿公开表示“人不可有傲气，但不可无傲骨”，决不趋炎附势。

五、文明礼貌，仁者爱人。我国是礼仪之邦，尊重人、关心人、理解人、帮助人是中华民族传统美德的鲜明特性。如李冰父子为民修建都江堰，变水害为水利；名医扁鹊周游列国，为民治病，救死扶伤。

六、诚实笃信，不尚空谈。诚信是人立足于社会的根本，是一个具有普遍性和初始性的道德规范。如曾子为实现对孩子的承诺，将家里唯一的猪杀了；商鞅“徙木立信”，取信于民，让变法顺利实行。

2.网络文化的影响

科技的发展、网络的普及使现代的青少年有着与前代人不同的社会生长环境，网络给我们带来众多便利的同时，也带来了暴力、色情、极端主义等不良的影响。中国互联网络信息中心发布的第40次《中国互联网络发展状况统计报告》显示：截至2017年6月，我国网民规模已经达到7.51亿人，互联网普及率为54.3%。更引人注目的是，我国手机网民规模达7.24亿人，较2016年底增加2830万人。网民的年龄结构中，以10~39岁群体为主，占整体的72.1%，其中10~19岁群体占比为19.4%。由此可见，10~19岁的学生群体在网络使用中占有相当大的比重。学生可以轻易地从网络上接触到各种内容，包括负面的信息，特别是那些充斥着暴力、色情、血腥的游戏，上网的学生因其精美和逼真的画面而沉溺其中，并将虚拟环境中的暴力带到了现实生活中，进而去欺凌他人。

赵某是一名四年级的学生，春节期间他和奶奶一起去亲戚家玩耍，在客厅看到一名孕妇站着与人聊天，他突然猛地推了孕妇一下。孕妇身体失去平衡向前倒去，周围的人吓得手忙脚乱，幸运的是有人迅速地扶住孕妇，这才没有酿成悲剧。事后，赵某仍悠然自得地跷着二郎腿吃着零食。当亲戚们问他为什么推孕妇时，他毫不在乎地说："我看网络上说推孕妇会导致流产，所以我想推推看是不是会真的流产。"赵某的话让在场的人瞠目结舌。

案例中的赵某对自己所做的恶行非但没有悔意，而且觉得事出有因，毫不在乎。这让我们不禁胆寒，一个四年级的小朋友对大人尚且这样，更何况是对学校里的同伴呢？由此也可见，网络中的不良信息对学生人生观的形成会产生多大的影响。

具有虚拟性、互动性、传播迅速且范围广等特点的互联网，给青少年提供了一个强有力的欺凌工具。青少年可以利用网络的虚拟性很好地实施报复和欺凌，还有的青少年通过在网络上传有刺激性的信息材料来博取关注，包括上传谣言、被欺凌者的受害视频、不符合道德标准的不良视频与图片等。由于网络信息传播的高效性，传播的内容短时间便会引起大量的关注，于是青少年从中获取异样的满足感。

思考

你上网一般做什么，玩游戏，逛贴吧，看小说、电视节目，还是其他的项目？你觉得要怎样正确使用网络？

3.法律法规体系不健全

我国正处于社会转型期。这一时期的法制体系还不够健全，在立法与司法上还存在不少的漏洞与不足，现有法律在处理校园欺凌事件方面同样存在缺陷。未成年人的心理、生理发育均尚未健全，辨别是非的能力差，其行为模仿性较强。少年司法更关注如何使其顺利回归社会，而不仅仅是对其行为进行惩罚。这就要求国家实施针对性的教育和惩罚措施，对未成年人的不良行为进行矫治，开展帮教、监督工作，提供社工、心理、法律等多方面的支持。世界上很多国家和地区有专门的少年法，例如德国制定了《少年法院法》，将教育理念作为最高准则，对少年的制裁体系包括教育处分、惩戒处分、少年刑罚等具体措施。而我国目前还没有设立专门的少年法，现有的对于罪错未成年人的处理依附在成年人的司法体系中，《中华人民共和国刑法》对于未达刑事责任年龄（14周岁）的未成年人不予追究，导致对于未达刑事责任年龄的未成年人的处理陷入困境，只能一放了之。在信息传播如此发达的今天，青少年对这些法律条文并不陌生，他们清楚地知道未满14周岁的人是不用承担法律责任的，于是对校园欺凌行为更加肆无忌惮。

（二）学校因素

1.应试教育的影响

一天下午，某校六年级（1）班正在上体育课，篮球场上的毕某带球进攻，马某防守，毕某球出手后直接转身非常暴力地攻击马某，将毫无防备的马某按倒在地后，对其进行拳打脚踢。后经调查，毕某和马某曾是邻居。上了六年级后，毕某的成绩下降，因此，父母经常用马某做榜样，劝诫毕某认真学习。于是马某就成了毕某的眼中钉。毕某一直想打马某一顿，以此证明谁是最棒的。

中国长期实行应试教育，尽管现在提倡素质教育，但长期的应试教育还是给学校教育留下了很深的影响。在这种时代背景下，学校重视学生的考试成绩，考试成绩成了家长和老师评价学生好坏的标准。为了让学生取得好成绩，很多学校长期占用学生各种与应试学科无关的课程和课外活动，部分中学甚至将法定的双休日腾出一天来补课，而学生仅剩的一点课余时间也被家长送去各种补习班，学生由此产生各种厌学情绪。特别是学习成绩一般的学生，经常被家长拿来与别人家的孩子作比较，自信心由此受到沉重的打击，并产生自卑的心理。还有一部分学生在轮番考试中遭遇多次失利，逐渐失去信心，甚至产生自暴自弃的心理，最终成了校园欺凌者或者被欺凌者。

应试教育过分重视学业成绩，从而轻视了品德教育。部分学校法治教育和德育教育缺失，学生法治意识淡薄，也是造成校园欺凌事件的原因之一。

2.学校惩戒作用的不断弱化

学校怕校园欺凌曝光引发媒体的关注从而影响学校名声，于是对校园欺凌事件的处理仅限于对欺凌者的口头教育等温和方式，甚至有些老师对学生校园欺凌事件持睁一只眼闭一只眼的态度。学校惩戒功能的不断弱化和放任，使这些学校里的“小霸王”更加无所畏惧，而部分被欺凌者由于无法伸张正义，也被迫加入了欺凌者的行列，于是形成了“被欺凌—加入欺凌—欺凌别人”的恶性循环。

3.师生关系的失衡

在应试教育的影响下，教师在教学中承担着巨大的精神压力，加上部分教师个人身上存在一些不足，因此一些教师与学生之间的关系并不融洽。这类老师为了提高学生的学习成绩，对学生的学业要求极其严格，占用学生课余时间上课，辱骂学生，体罚学生等事情不时就会发生。学生在这种专断型教学方式下，处处听老师的话，以学习成绩为重，很容易产生厌学心理。尤其是一些成绩不好的学生，由于得到教师的关爱较少，更多的是受到教师的惩戒，因此对教师产生恐惧心理，这是发生老师欺凌学生行为的主要原因。还有部分新教师，教学管理经验欠缺，性格软弱，在与学生打交道中缺乏信心，放任学生的行为，在这种教学方式下，学生纪律性差，经常推卸责任、寻找替罪羊、容易被激怒，从而引起校园欺凌事件的发生。

（三）家庭因素

1.家庭教育方式的不当

父母是孩子的启蒙老师，父母的一言一行都会潜移默化地影响孩子的行为方式。一个幸福美满的家庭，对孩子的健康成长有着积极影响；而一个冷漠不和谐的家庭，则会对孩子的健康成长产生不良的影响。因此，家庭环境对校园欺凌的产生有着重要影响。

（1）父母的过分溺爱

现在的孩子很多都是独生子女，家长对这些家里的独苗都是捧在手心呵护的，对孩子几乎言听计从，对孩子的要求也都是尽量满足。这些孩子在家成了衣来伸手饭来张口的“小霸王”，集体意识差，不太懂得礼貌，自私自利，占有欲强。这种学生当自己的需求在家得不到满足的时候，他们就会转向学校和社会，从而产生欺凌或暴力行为。

【故事学习】

《古今谭概》一书中有这么一则寓言故事。翠鸟为避免灾祸，开始把窝筑在树的高处。小鸟孵出以后，鸟妈妈生怕小鸟从高处的窝里掉下来摔着，于是把窝向下移了移。等小翠鸟身上长出了美丽的羽毛，它更是加倍喜爱，愈发怕小翠鸟摔下来，又一次向下移动鸟窝，移到离地面很近的树杈上。这样，翠鸟放心了，然而有一天，一个路过树下的行人发现了小翠鸟，他稍一举手便把小翠鸟掏走了。鸟妈妈对小翠鸟的溺爱终于酿成了不可挽回的惨剧。

有这样一个关于父母溺爱孩子的故事：一个长期偷窃的少年犯被当场捉住，反绑着双手，被押到刽子手那里。疼爱孩子的母亲跟在后面，捶胸恸哭。儿子回转身来，说要对她说句心里话。母亲走近去，想不到却被儿子一口把耳朵咬了下来。母亲骂儿子大不孝，犯了罪还不够，又把母亲的耳朵咬下来。那少年犯说："假如我初次偷了同学的写字板拿去给你的时候，你打了我，那我何至于胆子越来越大，被押去处死呢！"

（2）父母教育孩子的方式简单粗暴

传统的父母多信奉"棍棒底下出孝子"，这种不好的家庭教育理念现在还影响着部分家长。他们对孩子的教育方式就是简单粗暴的打和骂，孩子做错事情时，首先便是不分青红皂白地一通臭骂，甚至动手打孩子，忽略了与孩子的沟通。在这种家庭环境的影响下，孩子得不到关爱，性格逐渐孤僻，同时，他们也学会了用暴力的方式来解决问题，在校园里也不能以适当的方式处理与同学之间的关系，而以欺凌的方式代之。

2.家长素质和观念的影响

父母是孩子接触最多的人，从孩子懂事起，父母就是孩子的榜样，也是孩子的模仿对象。然而，在现实生活中，一些家长受不良社会风气熏染，有抽烟喝酒等不良的行为习惯，还有出口成"脏"的坏毛病，甚至有些家长做事浮夸、为人虚荣、自私自利等，这种做人做事的态度和风格严重影响了孩子的人生观、世界观和价值观的形成。在他们眼里，家长做什么都是对的，家长怎么为人处世，他们就怎么为人处世。这种不正确的观念在他们心中播下了依赖、自私、反叛、堕落的种子，从而埋下校园欺凌的祸根。

李先生的儿子乐乐性格内向，从来不惹事，但就是这个内向的孩子，这学期竟然做出了相当异常的举动——骂同学。上个周末，李先生被老师请到学校，据老师反映，这学期开学以来乐乐一直在欺凌同学。他每天都辱骂同学小丽，而且骂得恶狠狠的，如“弄死你”“死去吧你”等。李先生一听，马上答应回家教育乐乐。

李先生来到校门口，一看到儿子就破口大骂：“你给老子丢死人了，等我回家不好好收拾你。一个小屁孩，竟然学会骂人了，瞧你给能的。”乐乐低着头，恨不得钻到地里去。随后，李先生回头笑着对跟来的老师说：“您别生气，瞧我回去收拾他。”老师顿时明白了乐乐骂人的原因。

思考

你觉得乐乐骂人的根源是什么？为什么？

3.家庭物质条件的影响

随着经济的发展，人们的贫富差距逐渐拉大，家庭经济条件对学生产生了直接的影响。一些家庭贫困的学生，由于被人瞧不起，长期有着自卑的心理，容易形成叛逆的性格：一部分过于自卑，遇事退缩、软弱，容易成为被欺凌的对象；一部分则出于对金钱的渴望和仇富的心理，学会用不正当的方法获取财产，伤害他人，成为欺凌者。而一些家庭条件优越的学生，从小就养尊处优，性格要强，仗着自身优势，拉帮结派，在校园横行霸道，做出危害他人的校园欺凌行为。

4.家庭结构的欠缺

大量研究表明，家庭结构的欠缺会给青少年的身心发展带来严重的不良影响。随着时代的发展、婚姻观念的开放，离异家庭越来越多，相当多的青少年生活在单亲家庭和重组家庭中，他们一般感受不到正常的家庭氛围，容易引发异常的心理。更有一些离异夫妻双方都不愿抚养孩子，把孩子直接抛向社会，这些孩子觉得被家庭遗弃，悲观厌世，有强烈的反社会情绪，时有暴力行为发生，仇视周围的人和事，这些孩子都很容易蜕变为校园欺凌的主角。

一所主要招收行为偏常的“问题学生”的学校做了一次调查发现，出问题的孩子超过80%来自单亲或类似单亲的家庭。家庭结构的失能，使得孩子在成长中缺失关爱和教导；而一些家庭虽然看起来美满，家长对孩子也充满关爱，但由于教育理念和方法存在问题，也给孩子的成长带来消极影响。“宁做狼，不做羊”“不受欺负”“不能吃亏”……一些家长这种明显走偏的观念，不仅使孩子遇到问题时倾向于用暴力方式解决，同时也让校园里一些原本稀松平常的“磕磕碰碰”，被上升到校园欺凌甚至暴力等不可调和的程度。

二、校园欺凌的主观因素

有位美国记者采访晚年的投资银行大师J.P.摩根，问："决定你成功的条件是什么？"老摩根毫不掩饰地说："性格。"记者又问："资本和资金何者更为重要？"老摩根一语中的答道："资本比资金重要，但最重要的还是性格。"

从上面这个小对话可以看出性格的重要性，性格决定着一个人的交际关系、婚姻选择、生活状态、职业取向以及创业成败等，从而基本上决定了一个人的命运。因此，校园欺凌主体的性格与校园欺凌事件发生有着相当大的关系。以下就校园欺凌主体的性格、人际交往、法律意识等方面分析校园欺凌事件发生的主观因素。

（一）欺凌者

1.身心发展的不平衡

青少年时期是人一生中最为重要的时期，也被称为"心理断乳期"或"心理危险期"。这一时期，人的身体的各个器官生长速度加快，生理发育走向成熟；心理上的变化更是显著，主要表现为求知欲强，冲动，情感两极性明显，容易狂喜、暴怒，在情绪失控状态下常做出一些出人意料或超乎常规的事。

王某与顾某是同校同学，王某读初三，顾某读初一。一天两人发生口角，王某顺手打了顾某一下，不当一回事就扬长而去。不想顾某人小气盛，当晚就约了几个同学找到王某家，要给王某一点颜色看看。由于王某不在家，他们就在外面砸门吵闹一阵。王某回家知道后，第二天找魏某帮忙，魏某当即叫了一个朋友，准备了一把刀，在校门口砍伤了顾某，顾某经抢救虽脱离危险，但颅骨骨折，构成九级伤残。

案例中的王某和顾某由起初的小口角，最终酿成了悲剧，这与青少年的身心发展不平衡有着很大的关系。青少年的辨识能力不强，自控能力弱，容易被激怒，因此在解决问题时，常常采取简单粗暴的方式，最终造成校园欺凌甚至暴力事件。

思考

你在生活中有过情绪失控的时候吗？情绪失控时你打过人、摔过东西吗？当你情绪平复下来会意识到你做的事情是错误的吗？

2.不良的交往

随着学生年龄的增长，他们从渴望获得父母的赞赏转向渴望获得同伴的赞赏，同伴群体在他们的生活中发挥至关重要的作用。为了得到同伴的认同，青少年很容易模仿同伴的行为，而是非辨识能力不强的未成年人很容易受到不良团体的挑拨和利用，于是产生校园欺凌的不良行为。

3.强势的个性

欺凌者的个性大多比较鲜明。他们性格外向，占有欲和控制力强；情绪的自控能力低，做事毛躁；以自我为中心，自私自利，缺乏同情心。这种性格上的缺陷很容易让他们走向校园欺凌的深渊。

以某校学生郭某为首的7名女生怀疑同班同学曾某向老师举报她们吸烟，于是在就寝期间，郭某抓住曾某的头发并扇打其脸部数下，造成曾某脸部和嘴角轻微受伤，其他女学生也不同程度地对曾某踩踏、踢打，并让其在地上打滚。曾某被打一事被围观学生邓某用手机拍下视频，随后传至微信群，在社会上造成恶劣的影响。

从上面这个案例，我们可以很清楚地看到这7个欺凌者的个性特点：霸道、专横、不讲道理，残暴，以自我为中心……

4.法律意识淡薄

由于学校法制教育的缺失，很多学生的法律意识淡薄，大多数人也只知道未满14周岁的未成年人不用承担法律责任，却不知其行为结果也需承担相应的法律后果，这种“无知无畏”的学生很容易成为校园欺凌者。

（二）被欺凌者

1.身体相貌的缺陷

由于身体上或心理上的缺陷，残障的学生容易受到其他学生的嘲笑和欺负。调查发现，身体残障的学生受到欺凌的概率是普通学生的2到3倍。另外，长相比较独特的学生也容易受到欺凌，如过胖、过瘦、丑陋等。生理缺陷本该受同情，可是一些学生总会有意无意地嘲笑、欺侮有生理缺陷的同学。

【故事学习】

1981年，克里斯滕·里特出生在宾夕法尼亚州的一座小镇，由于父母离婚，她从小和母亲、继父一起生活。15岁那年，克里斯滕·里特在和母亲逛商场时被星探发掘，很快就签约了“精英模特”公司，成为一名少女模特。用她自己的话来说，那时的她“很高、很瘦、笨手笨脚、很尴尬”。

克里斯滕的模特生涯相当成功，她出现在无数杂志、电视广告、产品目录上，还经常飞往巴黎、东京、米兰、纽约参加时装周的走秀。但你要因此以为她在高中应该是学校里的校花，那你就错了。事实上，她在学校里并不特别受男生们的青睐，大家觉得她太瘦。有人曾说，她侧过身把舌头伸出来，看起来就像是条拉链。另外，父母的离婚也让她在学校里觉得自己低人一等，因为全校只有她来自离婚家庭，大家都喜欢编排她的故事、背地里对她指指点点。

少女克里斯滕不光是流言蜚语的靶子，更成为校园欺凌的对象。由于业余时间去纽约做模特，她遭到很多女生妒忌、排挤和欺负。很长时间，克里斯滕都为自己与别人不同而自责，直到成年后她才意识到：她没错，错的是她的同学；与众不同没什么不好，反而是件了不起的事。

2.软弱的个性

与欺凌者相反，被欺凌者的性格大多内向、胆小怕事、沉默寡言。这样的性格导致他们在伤害面前往往选择忍气吞声，不敢告诉老师和家长。也正是因为这样，欺凌者才敢更加肆无忌惮、变本加厉地实施欺凌。

某校初一年级学生苏某带着5个同学，将同一年级的学生小青打了一顿。原来，前一天晚上，小青发现自己放在书包的墨镜不见了，他误以为是自习课前来自己位置坐了一会儿的苏某拿去了，由于深知苏某的性格，小青没敢问，只是私底下和同学嘟哝了几句。结果，这话不知怎么就传到苏某的耳朵里，苏某大怒，认为自己遭到了诬陷，在一群好兄弟的支持下，在第二天下课时间，找到小青质问，并打了他好几巴掌。小青因为害怕苏某的报复，没敢将事情告诉老师，回家后也没有和家长说。

结果在此后的一个星期里，苏某利用放学和下课的时间，不停地找到小青，或是谩骂，或是动手打他。直到最后一次，苏某和几个同学在放学时，将小青截在胡同，对其大打出手，被人录下来，发到网上，这次欺凌事件才被校方与家长所知。

我们可以看到案例中的小青性格软弱，胆小怕事，对欺凌者敢怒不敢言，这更加增长欺凌者苏某的气焰，从而让他受到更深的伤害。

3.法律意识淡薄

不止欺凌者的法律意识淡薄，被欺凌者的法律意识也同样淡薄。由于认知能力有限，被欺凌者往往没有意识到自己的人身安全权、名誉权、肖像权、隐私权等受到侵害，可以寻求法律或其他保护，他们只是抱着多一事不如少一事或大事化小、小事化了的心态，忍气吞声，这无疑是纵容了校园欺凌行为。

（三）并不无辜的旁观者

旁观者是指校园欺凌发生时在旁边围观的人，也就是校园欺凌的旁观者。为什么要说旁观者并不无辜呢？因为旁观者虽然没有真正参与到校园欺凌事件中，但是当看见校园欺凌发生时，他们不去制止、劝阻或报告老师，有的反而饶有兴趣地拿起手机进行拍摄，以一种娱乐的心态看待校园欺凌事件，甚至呐喊助威，增长欺凌者的气焰，并将拍摄的内容四处传播，扩大校园欺凌的影响，这实际上也是变相地参与到校园欺凌中。

美国一项调查显示，学校发生的袭击和抢劫案中80%的案件有一个或多个第三方（旁观者）在场，比成人案件的比例多得多；上学及放学路上的暴力事件中，71%的案件有第三方。另有研究发现，在初中，85%的校园欺凌事件有至少一个旁观的同辈在场，一半以上的事件中有两个以上的旁观同辈在场。由此可见，旁观者是校园欺凌中一个重要的因素，他们的冷漠、旁观，甚至默许与怂恿等，都会激发欺凌者欺凌人的欲望。

一条中学生遭同学轮流掌掴的视频在网络传播。在视频中，一名学生站在室外，不敢动弹，先后被4名学生轮流掌掴，满脸通红。视频中，打人者还嬉笑着说，“打重一点”“我还要来一次”。画面显示，现场除了被打者和打人的4名学生外，还有数名学生围观，个别学生还吹哨、喝彩，整个过程无人劝阻。

案例中的校园欺凌事件除当事人外的学生都冷眼旁观，甚至在旁边附和，这不但激发了欺凌者打人的欲望，也让校园欺凌持续更久，让被欺凌者忍受更多的痛苦。那么，成为旁观者的原因有哪些呢？

1.害怕自己受到欺凌行为的牵连而成为下一个被欺凌对象或者在制止欺凌事件中受伤；

2.来自同伴的压力，即渴望融入欺凌者所在的群体，于是保持沉默；

3.内心意识到这种行为是错误的，但是不知道如何应对；

4.责任被分散，产生“那么多人都看见，会有人去制止这种行为”的想法；

5.抱着看热闹、事不关己高高挂起的心态。

思考

你有围观过校园欺凌事件吗？当你成为旁观者时，你内心是怎么想的？遇到校园欺凌，你又会怎么做呢？

名人名言

生活没有旁观者。

——歌德

社会犹如一条船，每个人都要有掌舵的准备。

——易卜生

第三章
校园欺凌的危害

如果将校园欺凌仅仅看作学生之间不成熟、不友善的玩笑或孩子之间的小打小闹，没有必要小题大做，那就大错特错了。校园欺凌与小打小闹有着本质区别，其危害性是不可估量的。校园欺凌不仅直接对被欺凌者的身心健康造成不可磨灭的伤害，而且给学校和社会的管理秩序会带来很多问题。

【故事学习】

美国前总统比尔·克林顿出身卑微。他读初中时，同学们不停地嘲笑他是穿衣品位很差的“乐队胖小子”。在初中的一次舞会上，他们对克林顿的嘲弄以一场小冲突告终：一个比他年长的学生嘲笑他穿着松垮的木匠裤，甚至一拳打到了他的下巴上。不过，克林顿并没有让

那个坏学生得逞，他既没有还击，也没有畏缩，而是选择坚持自己的立场。在其回忆录《我的生活》中，克林顿分享道："我从中学到，我可以忍受别人一拳，而且对付他人的挑衅并不只有一种方式。"那次冲突并没有将克林顿打败，而他那"乐队迷"的身份也给他带来了好处——除了在政府部门任职，他还成了一名才华出众的萨克斯演奏家。

故事中的克林顿在少年时受到了校园欺凌，但是他凭借自己的毅力和坚持抚平了校园欺凌带来的伤害，最终成为一个政治领袖，并且还成为一名才华出众的萨克斯演奏家。然而，生活中的很多被欺凌者并没有这么幸运。同学们试想一下，那些没有那么坚强、那么幸运的被欺凌者的人生会是什么样子的呢?

一、校园欺凌对被欺凌者的危害

（一）身体伤害

校园欺凌最直接的伤害便是身体上的创伤。身体欺凌就是直接对被欺凌者的身体进行伤害，在这种类型的欺凌事件中，轻则使被欺凌者受轻伤，重则重伤甚至死亡。

日本某小学女生因受到同班同学的欺凌，身体不适入院治疗。据悉，这名女学生在三年级时开始遭到同学的欺凌，当地教育部门成立了第三方调查委员会开始对此事进行详细调查。这名女学生的监护人表示："她从三年级时就经常受到同学的欺凌，如在全班的集体合影中，只有她的脸被剪掉，或者强迫她自己剪掉，然后让她带着几张被剪掉自己脸的照片回家。"班主任明知道欺凌事件的发生，但是并没有在意，还笑着说"只是玩笑而已"。后来这名被欺

凌的女生因身体不适入院治疗，不再去学校上学，之后被医院诊断为适应障碍。该校的校园防止欺凌委员会随即对这名女生所收到的4件写有“去死”的物品进行调查，认定该女生确实受到校园欺凌。

从上述案例可以看到，该女生在校园欺凌中受到最直接的身体伤害，并因此得了精神疾病。除此之外，被长期欺凌的学生还会出现自残或者自杀的行为，与欺凌者带来的直接的身体伤害相比，这种间接的身体伤害更加残酷。

2012年5月10日下午，某镇小学最后一节下课后，五年级的男孩贾某从教室最前面的一扇窗口纵身跳下。因抢救及时，性命虽然得以保住，但其左手造成粉碎性骨折，脾也被切除了三分之一。男孩醒来后，对跳楼原因这样说道：“班上的几个男同学，下课后有事没事就过来打我。昨天下午下课后，几个同学又过来欺负我，我不想再忍了，所以跳楼。”

男孩贾某由于受不了同学的欺凌，冲动之下选择结束自己的生命，尽管没有失去生命，但身体受到了极大的创伤，心理的伤口更是难以愈合。谁又能保证他下次不会再选择轻生呢？

知识小链接

来自杜克大学医学院等机构的科学家研究了儿童欺凌是否影响儿童的身体健康。研究人员就欺凌的经历采访了来自北卡罗来纳的1420名9~16岁的儿童。对这些儿童进行C-反应蛋白（CRP）的血液测试表明，被欺凌的儿童的CRP水平随着他们被欺凌的次数而增加。CRP是身体的低级系统炎症的一种标记物，常常与心血管疾病和代谢症状有联系。在欺凌停止后的19~21岁的第二组血液测试表明，在童年被欺凌的人的CRP的水平保持在曾经进行欺凌的人的两倍。同时，研究还发现，被欺凌的儿童可能遇到高于正常的亚临床水平的炎症，这种情况可能持续到成年期，而欺凌者比那些被欺凌的儿童的炎症水平要低。

这些结果表明，欺凌行为对被欺凌者会造成严重持久的身体伤害。

（二）心理伤害

被欺凌者受到的伤害也不是旁人所能体会的。大人们经常觉得校园欺凌只是孩子间的小打小闹，认为哪个孩子不是这样打闹大的呢？可是，校园欺凌除了带来身体上的伤害，往往伴随着心理伤害，这种心理伤害可能会伴随被欺凌者一生，甚至让他们做出愚蠢的事情。

“安眠药放进嘴里，水果刀架上手腕。”24岁的陕西大学生刘某已经记不清，有多少次想结束“一生的噩梦”。

小学六年级转入县城最好的寄宿制学校后，内向、软弱的他很快成为同学欺负的对象。他们“攻占”他的床，扒光他的衣服，用衣架抽打他。为了不被妈妈和老师发现，他不敢洗澡，也不敢回宿

舍。欺凌者们变本加厉，把积攒了一周的尿液放在一个盆里，“等我进厕所，一下倾倒过来”。他在惊愕中听到宿舍传出的大笑声。

十几年过去了，从六年级延续至初三的欺凌像根刺，极不舒服地扎在身体的某个地方，时不时让他记起那时候发生的事情。除了经常性失眠，他的情绪会突然失控，人际关系也有问题。“不愿与人深交，特别想得到爱，又特别害怕失去。”

案例中的刘某被欺凌尽管已经过去很久，但是还深深印在他的脑海中。他不仅经常性失眠，而且在人际交往中也失去信心，说明少年时受到的校园欺凌对他的生活和心理健康都造成了严重不良的影响。校园欺凌的心理伤害除了会影响被欺凌者的生活，更严重的还会导致心理疾病，使被欺凌者性格扭曲甚至缺陷。

被欺凌者何某，体型微胖，智力低下。从小学起，何某就因为体型和智力的原因经常被同学欺凌，且多为直接欺凌（打、踢、骂）。升入初中后，从初一到初二这两年，随着年龄的增长，何某的情绪调节越发出现障碍，具体表现在当有同学欺凌他的时候，他就会情绪失控，大喊大叫，大哭大闹，追逐打人。但是他越是情绪失控，同学就越是欺负他，以激怒他为乐，这样的恶性循环持续了两年。在最近一次发生的欺凌事件中，课间时A同学叫B同学去帮忙打水，B同学不愿意去，就叫何某去，何某也表示不愿意去，结果B同学就打骂何某，导致何某情绪失控，在上课的时候大哭大叫。经青少年心理健康诊断测量表测试，何某有比较明显的冲动倾向，表现出焦虑倾向、孤独倾向，心理健康水平处在比较危险的状况。

上面案例中的何某本就智力低下，却由于同学的欺凌，导致了严重的心理疾病。而下面案例中的基顿虽然也受到了欺凌，但却大胆寻求帮助，最终获得了社会与家庭的支持。

一个美国小男孩声泪俱下地请求不再受到校园欺凌，各界社会名人纷纷对他表示了支持。

这位小男孩名叫基顿·琼斯，来自美国田纳西州诺克斯维尔，他在视频中满眼含泪地问了他的妈妈金伯莉·琼斯一个所有人都想知道答案的问题："我很好奇他们为什么要欺负我？这到底有什么意思？为什么他们会觉得以一种刻薄的方式对待无辜的人很有趣？这明明是不对的。"他的妈妈问道："他们跟你说了什么？午餐时他们又对你做了什么？"基顿满眼含泪地回答道："他们取笑我的鼻子，叫我丑八怪，说我没有朋友。午餐时他们把牛奶倒在我身上，把火腿放在我的凳子上，还朝我扔面包。"

视频中，基顿还说不只是他，还有别的小朋友也受到了欺负。他对妈妈说："我不喜欢他们这样对我，也不喜欢他们这样对别人，因为这都是不对的。”他还说道：“但人都是不一样的，没必要批评他们，这不是他们的错，如果你被别人取笑，你不要让它成为你的困扰，你应该保持强大。虽然这很难，但总有一天这些都会变好的。”基顿妈妈由此呼吁其他父母们能和自己的孩子们谈谈，告诉他们欺负别人是多么伤人。

这段声泪俱下的控诉视频一经发布，便获得1600万人观看，并收到33万次的转发量，甚至就连一些名人也知晓了这件事，他们对基顿表示了支持。其中包括出演过《怪奇物语》的明星米莉·鲍比·布朗。她在自媒体平台说道：“基顿，我很奇怪他们为什么要这样做，我觉得你很酷，我想跟你做朋友。”

思考

校园欺凌给基顿带来了什么样的伤害？你会怎么鼓励基顿呢？

名人名言

意志坚强的人能把世界放在手中，像泥块一样任意揉捏。

——歌德

尽管我们用判断力思考问题，但最终解决问题的还是意志，而不是才智。

——沃勒

一切痛苦能够毁灭人，然而受苦的人也能把痛苦消灭！

——拜伦

二、校园欺凌对欺凌者的危害

（一）心理伤害

在一些校园欺凌中，不仅被欺凌者会受到严重的创伤，欺凌者本人在一定程度上也会有心理创伤。或许有同学会问，他们是去欺负人，怎么还会有创伤呢？

“打完人以后，伤神又伤身，死了很多细胞，不知得到什么。说不定被打的又会报复，天天担心被老师骂、被爸妈打、被警察带去训话。世上又多了个敌人，少了个朋友。”

这是一位校园欺凌者的内心感受。从表面上看，他们在校园欺凌中占了上风，取得了胜利，但是未成年人的心智尚未成熟，欺凌者的心理承受能力比较弱，一些欺凌者在实施欺凌后因为恐惧、自责等出现不同程度的抑郁、自闭等状况。他们的心灵在实施欺凌中经历快感的同时同样经受着折磨。

（二）沉重代价

实施校园欺凌行为的学生，大多会被贴上了“坏孩子”“坏学生”的标签。第一，这在一定程度上会影响他们的学习，学业没有长进；第二，他们的人际关系也会受到影响，不是所有的学生都能接受欺凌者，他们会在别人的指指点点中生活；第三，有些欺凌者的行为触犯了法律，那么他们的一生中最美好的青春就可能在监狱中度过，一生都背负着“犯罪者”的标签，人生轨迹自此改变；第四，欺凌者在实施欺凌中可能成为以暴制暴的牺牲品，所谓“兔子急了也会咬人”，他们也可能在欺凌事件中受伤。

2014年的一天，对于学生小明来说，真是太难忘了。因为人生中，他首次进入重症加强护理病房，甚至一度生命垂危。这是为什么呢？

小明所在的班级有一个学生叫小华。这是一个外形邋遢、学习成绩不太好的学生。在同学们的心目中，小华是班级的耻辱，因此，小华就成为全班同学欺负的对象。前一天早上8时多，他们班的同学做完早操回教室，在排队途中，小明被小华给推搡在地。平时大家就看小华不顺眼，于是第二天上午下课后，小明和几名同学就相约在教室的角落里将小华狠狠地教训了一顿。

这天下午第一节课刚好是体育课，有同学在操场竟然提议再次教训小华。大家一拍即合。小明于是把小华扯到一边，直接对他就来了一个“飞腿”，旁边的四五名同学见状一哄而上。没想到的是，一贯温顺的小华这次竟然从口袋里拿出一把弹簧刀。结果小明冲过去时没看到小华身上那把刀，等到看到胸口在流血，小明才发觉自己受了伤。随后，在打斗中，小华又用刀将一个同学的脸划伤，将另一个的手臂和膝盖划伤。

待老师发现制止后，小明等几个同学才被送到医务室止血，随后120急救车把小明送到了医院抢救。

在这个案例中，小明作为一个欺凌者在打斗中受了重伤，差点失去生命，他也为自己的欺凌行为付出了沉重的代价。

三、校园欺凌对旁观者的危害

旁观者只是观战的人，会有什么伤害呢？首先，校园欺凌事件的频发使得旁观者的安全感渐渐缺乏，目睹了伤害事件会给他们造成心理阴影，进而对人性产生怀疑，对人与人之间的关系产生怀疑，从而不再轻易相信别人。其次，干预了校园欺凌的旁观者会害怕受到欺凌者的报复，害怕自己有一天也处于被欺凌的地步；而有些没有干预校园欺凌的旁观者则会因为没有帮助被欺凌者而心存愧疚，十分自责。这都会给他们的生活和学习带来严重的阴影，这种影响甚至会伴随他们一生，也可能会引发某些心理疾病。

思考

你目睹过校园欺凌事件吗？校园欺凌发生后你会感到害怕、惶恐吗？如果有，你会找人诉说，还是会以其他什么方式来排解这种心理的不安？

四、校园欺凌对家庭的伤害

校园欺凌在对欺凌者和被欺凌者造成最直接伤害的同时也对双方的家庭造成严重的伤害，特别是那些影响恶劣、造成重大人员伤亡的校园欺凌事件。人的生命和健康是无价的。在校园欺凌中，受伤是常见的事情，为此在医院花费成千上万、几十万，甚至上百万元都不是什么稀罕的事情。俗话说："有本事去挣钱，没本事别打架。"可见打架的成本是非常巨大的。校园欺凌不仅使家庭承担沉重的经济负担，而且会让一个原本完整健康的家庭变得支离破碎。有些被欺凌者在校园欺凌中变成残疾，留下严重的心理疾病甚至死亡，这对家庭来说是一个多么巨大的打击；而有些欺凌者由于严重的欺凌行为进了监狱，这对他们家长来说何尝不是一个沉重的打击？所以，同学们想实施欺凌行为之前，先想想自己家中的父母，想想他们可能日后整天要为你们以泪洗面，或许你们就不会那么冲动地做出欺凌行为。

小林是一名初二学生，某一天上课时，坐在他身后的张某与同桌李某相互打闹，听到动静的小林回头冲他们笑了一下。这时，老师发现他们的举动，并对他们进行了批评教育。

课间休息时，张某走到小林面前问他为什么回头笑自己，引来老师当众批评，让自己在全班面前出丑。小林急忙解释自己并没有嘲笑张某。但张某根本不听解释，并冲动地对小林动了手。见此情景，小林急忙跑离，张某追上去并拎起一把椅子砸到小林后背上。随着一声惨叫，小林摔倒在讲台上。其他同学见状连忙拉住张某，并跑到办公室喊来老师。老师见小林面色苍白，痛苦不堪，急忙打120把小林送到医院救治。经诊断，小林肩骨骨折，多处软组织受伤，所花费的万余元的治疗费用均由张某支付。

案例中的小林被张某的一时冲动用椅子砸坏了身体，一方受伤休学，另一方也负担了沉重的医疗费用，这给双方家庭都造成了不良影响。

2016年6月1日，15岁的初中生陶某用一种极端的方式结束了自己年轻的生命。在其留下的三封遗书中，陶某讲述了被同学欺凌的种种遭遇：拿饭盒、打开水、洗饭盒、倒洗脚水、洗头，甚至是被殴打。据他所述，陶某在学校经常遭到同学的欺凌，并因此欠下同学的债务。一次，他因不小心踩到了同学张某的袜子，张某便让陶某买一双新的，要5元钱。而且张某还对陶某说，每星期要给他8元钱，到陶某自杀前，每星期要给的钱已经涨到37元。

三封遗书一字一句，述说着一个少年心理上遭受的侮辱与委屈。由于长期受到欺凌，陶某不堪侮辱，所以选择轻生。

一个花季少年的逝去，让其父母忍受痛失爱子的悲哀，这对一个家庭而言，是多么巨大的创伤啊！

五、校园欺凌对学校和社会的危害

校园欺凌的发生地点主要是在校园。校园欺凌的频发，肯定会给学校的管理秩序带来很多考验。可以说，校园欺凌的发生是校园管理秩序的漏洞，而过多的校园欺凌会使学校管理秩序的漏洞越来越大。校园欺凌频发的学校在校园中容易形成紧张不安的气氛。这不仅让学生感到恐慌，而且会进一步影响教职员工的工作。因此，校园欺凌不是几个学生的事情，对学校的正常运作也会有所影响。

学校是一个社会的重要组成部分，校园欺凌的恶性影响很容易从校园扩散到社会中。一方面，校园欺凌的发生会对社会安定造成危害；另一方面，学校里的学生终究是要走向社会的，问题学生有可能成为问题公民，问题公民很可能成为犯罪者。被欺凌的孩子很可能会有品行障碍，成年后会形成反社会型人格，他们都会是潜在的社会危害。据调查显示，美国校园枪击案中，枪击者曾经被欺凌过的比例高达80%。

知识小链接

据2013年西宁市中级人民法院公开的数据，过去10年，西宁市青少年犯罪人数占犯罪总人数的近40%，并呈现逐年增长的趋势，其中相当一部分是在校学生。

2016年5月27日上午，最高人民检察院召开发布会，通报未成年人检察工作30年的有关情况。据介绍，2003年至2015年，全国检察机关经审查批准逮捕未成年犯罪嫌疑人92万余人，不批准逮捕16万余人，起诉108万人，不起诉5万余人。

名人名言

勿以恶小而为之，勿以善小而不为。惟贤惟德，能服于人。

——刘备

无论命运如何，人生来就不是野蛮人，也不是乞讨者。人的四周充满真正而高贵的财富——身体与心灵的财富。

——霍勒斯曼

心若改变，你的态度跟着改变；态度改变，你的习惯跟着改变；习惯改变，你的性格跟着改变；性格改变，你的人生跟着改变。

——亚伯拉罕·马斯洛

第四章
校园欺凌的法律责任

上一章分析到校园欺凌事件的多发严重损害青少年的身心健康，而且对校园安全环境和社会安定造成恶劣的影响。近年来，社会各界对校园欺凌的关注程度越来越高，但是我国社会各界组织对校园欺凌的认知程度较低，没有进行严格的惩戒，法律责任没有落实到位，导致很多欺凌者抱有侥幸心理，而被欺凌者不知道如何用法律武器来保护自己。每个人都要为自己的行为承担责任，被欺凌者有权要求欺凌者和学校按照法律规定承担相应责任。

一、欺凌者及其监护人的责任

（一）民事责任

如果校园欺凌行为并没有达到犯罪的程度，并且欺凌当事人的年龄比较小，没有达到相应的标准，那么他只需要承担民事责任。如果欺凌者没有能力或者在特殊条件下，不能承担民事责任，那么必须让欺凌者的监护人来代替承担。有些欺凌者虽然是无民事行为能力人或者限制民事行为能力人，但是具有相应的经济能力，应当从本人财产中支付赔偿费用，不足部分欺凌者监护人必须尽快补齐。在集体欺凌的事件中，每个欺凌者都应该承担相应的连带责任；在分别欺凌的事件中，需要由各个欺凌者来平均承担责任。

根据《中华人民共和国民法典》《中华人民共和国侵权责任法》等法律

的相关规定，承担民事责任的方式主要有：1.停止侵害；2.排除妨碍；3.消除危险；4.返还财产；5.恢复原状；6.修理、重作、更换；7.继续履行；8.赔偿损失；9.支付违约金；10.消除影响、恢复名誉；11.赔礼道歉。上述方式可以单独使用，也可以合并使用。欺凌者造成被欺凌者人身和财产损失的，不仅需要向被欺凌者承担消除影响、恢复名誉、赔礼道歉等责任，还需要依法承担民事赔偿责任。

根据《中华人民共和国侵权责任法》《最高人民法院关于审理人身损害赔偿案件适用法律若干问题的解释》的规定，被欺凌者可以要求欺凌者进行赔偿的人身损害项目有：

1.受害人遭受人身损害的赔偿项目，包括医疗费、护理费、交通费、误工费、住宿费、住院伙食补助费以及必要的营养费。

2.受害人因伤致残的赔偿项目，除以上第一项外还包括：残疾赔偿金、残疾辅助器具费、被扶养人生活费以及因康复护理、继续治疗实际发生的必要的康复费、护理费、后续治疗费。

3.受害人死亡的赔偿项目，除第一项费用外，还包括：丧葬费、被扶养人生活费、死亡补偿费以及受害人亲属办理丧葬事宜支出的交通费、住宿费和误工损失等其他合理费用。

4.受害人或者死者近亲属遭受精神损害的抚慰金。

小敏和小洁本是小学同学。2017年，小敏因为曾经与小洁发生过一些不愉快，便召集小佳等人，在某校门口围堵小洁，并强势将其带至校园附近的巷子里实施殴打。事后，小敏和小佳因怀疑小洁可能已经向公安机关报案，出于报复和泄愤心理，两人又于一周后的傍晚时分，召集小寒、小红二人以同样的方式将小洁拉至小巷内。小佳和小敏以摔打耳光的方式对小洁施暴，并向其索要现金。不久，小敏又伙同小寒等人将小洁转移至其他小巷内，继续对小洁实施殴打，不仅掌掴其脸部、踢其腿部，还用拖鞋抽打小洁脸部，并再次索要现金。遭受了一阵狂殴的小洁面部及脑部多处软组织挫伤。受伤后的小洁回家后当即被送往医院治疗。经过一段时间的诊疗，小洁被医生确诊为“创伤后应激障碍”。

面对小敏等4人对自家孩子施加凌虐的行为，小洁的父母诉至法院。法院基于公民的生命健康权受法律保护，被侵权人有权请求侵权人承担侵权责任的依据，认定小敏、小佳为主要责任人，小寒、小红为次要责任人，综合考虑判决小敏等4人的父母于本判决生效之日起五日内连带赔偿小洁医疗费、护理费、住院伙食补助费等各项损失计20625.07元。上述赔偿小敏和小佳的父母各按35%比例赔付，小寒和小红的父母按15%比例赔付。

思考

你觉得这些赔偿能弥补小洁受到的伤害吗？你认为还需要怎样的赔偿？

法条直通车

《最高人民法院关于审理人身损害赔偿案件适用法律若干问题的解释》（节选）

第十九条　医疗费根据医疗机构出具的医药费、住院费等收款凭证，结合病历和诊断证明等相关证据确定。赔偿义务人对治疗的必要性和合理性有异议的，应当承担相应的举证责任。

医疗费的赔偿数额，按照一审法庭辩论终结前实际发生的数额确定。器官功能恢复训练所必要的康复费、适当的整容费以及其他后续治疗费，赔偿权利人可以待实际发生后另行起诉。但根据医疗证明或者鉴定结论确定必然发生的费用，可以与已经发生的医疗费一并予以赔偿。

第二十条　误工费根据受害人的误工时间和收入状况确定。

误工时间根据受害人接受治疗的医疗机构出具的证明确定。受害人因伤致残持续误工的，误工时间可以计算至定残日前一天。

受害人有固定收入的，误工费按照实际减少的收入计算。受害人无固定收入的，按照其最近三年的平均收入计算；受害人不能举证证明其最近三年的平均收入状况的，可以参照受诉法院所在地相同或者相近行业上一年度职工的平均工资计算。

第二十一条　护理费根据护理人员的收入状况和护理人数、护理期限确定。

护理人员有收入的，参照误工费的规定计算；护理人员没有收入或者雇佣护工的，参照当地护工从事同等级别护理的劳务报酬标准计算。护理人员原则上为一人，但医疗机构或者鉴定机构有明确意见的，可以参照确定护理人员人数。

护理期限应计算至受害人恢复生活自理能力时止。受害人因残疾不能恢复生活自理能力的，可以根据其年龄、健康状况等因素确定合理的护理期限，但最长不超过二十年。

受害人定残后的护理，应当根据其护理依赖程度并结合配制残疾辅助器具的情况确定护理级别。

第二十二条　交通费根据受害人及其必要的陪护人员因就医或者转院治疗实际发生的费用计算。交通费应当以正式票据为凭；有关凭据应当与就医地点、时间、人数、次数相符合。

第二十三条　住院伙食补助费可以参照当地国家机关一般工作人员的出差伙食补助标准予以确定。

受害人确有必要到外地治疗，因客观原因不能住院，受害人本人及其陪护人员实际发生的住宿费和伙食费，其合理部分应予赔偿。

第二十四条　营养费根据受害人伤残情况参照医疗机构的意见确定。

第二十五条　残疾赔偿金根据受害人丧失劳动能力程度或者伤残等级，按照受诉法院所在地上一年度城镇居民人均可支配收入或者农村居民人均纯收入标准，自定残之日起按二十年计算。但六十周岁以上的，年龄每增加一岁减少一年；七十五周岁以上的，按五年计算。

受害人因伤致残但实际收入没有减少，或者伤残等级较轻但造成职业妨害严重影响其劳动就业的，可以对残疾赔偿金作相应调整。

第二十六条　残疾辅助器具费按照普通适用器具的合理费用标准计算。伤情有特殊需要的，可以参照辅助器具配制机构的意见确定相应的合理费用标准。

辅助器具的更换周期和赔偿期限参照配制机构的意见确定。

第二十七条　丧葬费按照受诉法院所在地上一年度职工月平均工资标准，以六个月总额计算。

第二十八条　被扶养人生活费根据扶养人丧失劳动能力程度，按照受诉法院所在地上一年度城镇居民人均消费性支出和农村居民人均年生活消费支出标准计算。被扶养人为未成年人的，计算至十八周岁；被扶养人无劳动能力又无其他生活来源的，计算二十年。但六十周岁以上的，年龄每增加一岁减少一年；七十五周岁以上的，按五年计算。

被扶养人是指受害人依法应当承担扶养义务的未成年人或者丧失劳动能力又无其他生活来源的成年近亲属。被扶养人还有其他扶养人的，赔偿义务人只赔偿受害人依法应当负担的部分。被扶养人有数人的，年赔偿总额累计不超过上一年度城镇居民人均消费性支出额或者农村居民人均年生活消费支出额。

第二十九条　死亡赔偿金按照受诉法院所在地上一年度城镇居民人均可支配收入或者农村居民人均纯收入标准，按二十年计算。但六十周岁以上的，年龄每增加一岁减少一年；七十五周岁以上的，按五年计算。

第三十条　赔偿权利人举证证明其住所地或者经常居住地城镇居民人均可支配收入或者农村居民人均纯收入高于受诉法院所在地标准的，残疾赔偿金或者死亡赔偿金可以按照其住所地或者经常居住地的相关标准计算。

被扶养人生活费的相关计算标准，依照前款原则确定。

第三十一条　人民法院应当按照民法通则第一百三十一条以及本解释第二条的规定，确定第十九条至第二十九条各项财产损失的实际赔偿金额。

前款确定的物质损害赔偿金与按照第十八条第一款规定确定的精神损害抚慰金，原则上应当一次性给付。

（二）行政责任

在校园欺凌中，若没有构成犯罪的条件，在承担民事责任的同时，还应该对欺凌者进行治安管理处罚，使其承担相应的行政责任。校园欺凌行为的实施方式主要是殴打、虐待、辱骂、拍裸照等，有些情节虽然较轻微，尚不构成犯罪，但都违反了《中华人民共和国治安管理处罚法》的规定。该法规定，对于年龄低于14周岁的人，不予处罚，但责令其监护人严加管教；已满14周岁不满18周岁的人从轻或者减轻处罚。

法条直通车

《中华人民共和国治安管理处罚法》（节选）

第二十六条　有下列行为之一的，处五日以上十日以下拘留，可以并处五百元以下罚款；情节较重的，处十日以上十五日以下拘留，可以并处一千元以下罚款：

（一）结伙斗殴的；

（二）追逐、拦截他人的；

（三）强拿硬要或者任意损毁、占用公私财物的；

（四）其他寻衅滋事行为。

第三十二条　非法携带枪支、弹药或者弩、匕首等国家规定的管制器具的，处五日以下拘留，可以并处五百元以下罚款；情节较轻的，处警告或者二百元以下罚款。

非法携带枪支、弹药或者弩、匕首等国家规定的管制器具进入公共场所或者公共交通工具的，处五日以上十日以下拘留，可以并处五百元以下罚款。

第四十条　有下列行为之一的，处十日以上十五日以下拘留，并处五百元以上一千元以下罚款；情节较轻的，处五日以上十日以下拘留，并处二百元以上五百元以下罚款：

（一）组织、胁迫、诱骗不满十六周岁的人或者残疾人进行恐怖、残忍表演的；

（二）以暴力、威胁或者其他手段强迫他人劳动的；

（三）非法限制他人人身自由、非法侵入他人住宅或者非法搜查他人身体的。

第四十二条　有下列行为之一的，处五日以下拘留或者五百元以下罚款；情节较重的，处五日以上十日以下拘留，可以并处五百元以下罚款：

（一）写恐吓信或者以其他方法威胁他人人身安全的；

（二）公然侮辱他人或者捏造事实诽谤他人的；

（三）捏造事实诬告陷害他人，企图使他人受到刑事追究或者受到治安管理处罚的；

（四）对证人及其近亲属进行威胁、侮辱、殴打或者打击报复的；

（五）多次发送淫秽、侮辱、恐吓或者其他信息，干扰他人正常生活的；

（六）偷窥、偷拍、窃听、散布他人隐私的。

第四十三条　殴打他人的，或者故意伤害他人身体的，处五日以上十日以下拘留，并处二百元以上五百元以下罚款；情节较轻的，处五日以下拘留或者五百元以下罚款。

有下列情形之一的，处十日以上十五日以下拘留，并处五百元以上一千元以下罚款：

（一）结伙殴打、伤害他人的；

（二）殴打、伤害残疾人、孕妇、不满十四周岁的人或者六十周岁以上的人的；

（三）多次殴打、伤害他人或者一次殴打、伤害多人的。

第四十四条　猥亵他人的，或者在公共场所故意裸露身体，情节恶劣的，处五日以上十日以下拘留；猥亵智力残疾人、精神病人、不满十四周岁的人或者有其他严重情节的，处十日以上十五日以下拘留。

第六十七条　引诱、容留、介绍他人卖淫的，处十日以上十五日以下拘留，可以并处五千元以下罚款；情节较轻的，处五日以下拘留或者五百元以下罚款。

第六十八条　制作、运输、复制、出售、出租淫秽的书刊、图片、影片、音像制品等淫秽物品或者利用计算机信息网络、电话以及其他通讯工具传播淫秽信息的，处十日以上十五日以下拘留，可以并处三千元以下罚款；情节较轻的，处五日以下拘留或者五百元以下罚款。

思考

你觉得这些处罚措施完善吗？还有哪些校园欺凌行为需要受到处罚？

（三）刑事责任

如果校园欺凌行为触犯了刑法的规定，那么这种欺凌行为是属于犯罪行为，欺凌者应当承担相应的刑事责任。根据《中华人民共和国刑法》关于刑事责任年龄的规定，已满十六周岁的人犯罪，应当承担刑事责任。已满十四周岁不满十六周岁的人，只对故意杀人、故意伤害致人重伤或者死亡、强奸、抢劫、贩卖毒品、放火、爆炸、投毒罪等八种罪名承担刑事责任。

在集体校园欺凌事件中，作为集体行为人，属于共同犯罪的行为，只是在共同犯罪的行为中，责任不同。其分别为主犯、从犯、教唆犯以及胁从犯，所以需要分别承担各自的刑事责任。在让欺凌者承担刑事责任时，需要考虑欺凌者的年龄是否达到了十四周岁或者十六周岁，如果因年龄问题使欺凌者没有受到刑事处罚，那么根据《中华人民共和国刑法》的规定，应责令其家长或监护人严格管教；在必要的时候，也可以由政府收容教养。

2017年5月8日下午，某法院刑事审判庭在当地某中学公开宣判一起青少年聚众斗殴案件，现场3000多名师生旁听宣判并接受反校园欺凌与暴力教育。

法院以聚众斗殴罪分别判处黄某、李某、韦某等六名被告人两年零七个月至十一个月不等的有期徒刑。经审理查明，李某等六人无视法律聚众斗殴，致三人轻微伤、一人轻伤二级，其中黄某系首要分子，李某等五人系聚众斗殴的积极参加者，黄某等六人行为均完全具备了聚众斗殴犯罪的主客观构成要件和特征，构成聚众斗殴罪。公诉机关指控被告人黄某等六人犯聚众斗殴罪的事实清楚、证据确实、充分，法院刑事审判庭依照《中华人民共和国刑法》相关之规定，作出上述判决。

法条直通车

《中华人民共和国刑法》（节选）

第十七条　已满十六周岁的人犯罪，应当负刑事责任。

已满十四周岁不满十六周岁的人，犯故意杀人、故意伤害致人重伤或者死亡、强奸、抢劫、贩卖毒品、放火、爆炸、投毒罪的，应当负刑事责任。

已满十四周岁不满十八周岁的人犯罪，应当从轻或者减轻处罚。

因不满十六周岁不予刑事处罚的，责令他的家长或者监护人加以管教；在必要的时候，也可以由政府收容教养。

第二十五条　共同犯罪是指二人以上共同故意犯罪。

二人以上共同过失犯罪，不以共同犯罪论处；应当负刑事责任的，按照他们所犯的罪分别处罚。

第二十六条　组织、领导犯罪集团进行犯罪活动的或者在共同犯罪中起主要作用的，是主犯。

三人以上为共同实施犯罪而组成的较为固定的犯罪组织，是犯罪集团。对组织、领导犯罪集团的首要分子，按照集团所犯的全部罪行处罚。对于第三款规定以外的主犯，应当按照其所参与的或者组织、指挥的全部犯罪处罚。

第二十七条　在共同犯罪中起次要或者辅助作用的，是从犯。

对于从犯，应当从轻、减轻处罚或者免除处罚。

第二十八条　对于被胁迫参加犯罪的，应当按照他的犯罪情节减轻处罚或者免除处罚。

第二十九条　教唆他人犯罪的，应当按照他在共同犯罪中所起的作用处罚。教唆不满十八周岁的人犯罪的，应当从重处罚。

如果被教唆的人没有犯被教唆的罪，对于教唆犯，可以从轻或者减轻处罚。

根据欺凌行为造成的伤害程度，实施欺凌行为可能被认定的罪名主要有：

1.故意伤害罪

故意伤害他人身体的行为，对他人实施殴打等暴力行为，或者明知暴力行为可能会发生伤害后果却放任不管，造成他人受伤后果的，都会构成故意伤害罪。校园欺凌事件中，多以殴打等暴力形式进行。因此，故意伤害罪是比较常见的。对已满十四周岁不满十六周岁的未成年人来说，如果故意伤害罪造成他人重伤或者死亡后果的，也应承担刑事责任。

2012年，某技校女生万某与同学因为琐事吵架，于是纠集10名十五六岁的女学生在宿舍内对这名女同学大打出手。最终，万某因涉嫌故意伤害罪被检察机关批准逮捕。

2.寻衅滋事罪

寻衅滋事罪是指在公共场所无事生非、起哄闹事、殴打伤害无辜、肆意挑衅、横行霸道、毁坏财物、破坏公共秩序，情节严重的行为。在校园欺凌中，欺凌者通过以大欺小、恃强凌弱来寻求精神刺激，随意殴打同学，破坏学校以及社会管理秩序等方式来实施欺凌，情节严重的，应以寻衅滋事罪处罚。

2017年2月28日，某职业学院的学生朱某伙同另外四名学生，在宿舍楼内，无故殴打、辱骂两名女生，还扒光了一名被欺凌女生的衣服，并用手机拍摄了羞辱、殴打视频，事后还在自己的微信群内进行传播。

11月2日，当地法院对这一起校园欺凌案件进行了宣判，对五名犯罪时未满十八周岁的被告人以寻衅滋事罪分别判处有期徒刑。

法条直通车

《中华人民共和国刑法》（节选）

第二百九十三条　有下列寻衅滋事行为之一，破坏社会秩序的，处五年以下有期徒刑、拘役或者管制：

（一）随意殴打他人，情节恶劣的；

（二）追逐、拦截、辱骂、恐吓他人，情节恶劣的；

（三）强拿硬要或者任意损毁、占用公私财物，情节严重的；

（四）在公共场所起哄闹事，造成公共场所秩序严重混乱的。

纠集他人多次实施前款行为，严重破坏社会秩序的，处五年以上十年以下有期徒刑，可以并处罚金。

3.过失致人重伤罪、过失致人死亡罪

一些欺凌者由于疏忽大意没有预见到其行为产生的严重后果，这就会构成过失犯罪。对于过失行为，只有在造成受害人重伤或者死亡的严重后果时才会构成犯罪。例如在校园欺凌中，欺凌者对被欺凌者实施推搡、殴打、踢踹等行为，但是被欺凌者在倒地时滚下楼梯，或者撞到石头等坚硬物质，从而导致头颅受了重伤甚至死亡的严重后果。由于欺凌者本身没有预料到这种严重后果，从而酿成悲剧，这就构成了过失犯罪。

法条直通车

《中华人民共和国刑法》（节选）

第二百三十四条　故意伤害他人身体的，处三年以下有期徒刑、拘役或者管制。

犯前款罪，致人重伤的，处三年以上十年以下有期徒刑；致人死亡或者以特别残忍手段致人重伤造成严重残疾的，处十年以上有期徒刑、无期徒刑或者死刑。本法另有规定的，依照规定。

第二百三十五条　过失伤害他人致人重伤的，处三年以下有期徒刑或者拘役。本法另有规定的，依照规定。

4.非法拘禁罪

非法拘禁罪是指以拘押、禁闭或者其他强制方法，非法剥夺他人人身自由的行为。也就是非法关押，限制被欺凌者的人身自由。如果在非法拘禁的过程中使用暴力，导致受害人伤残、死亡，则需要按照故意伤害罪、故意杀人罪来定罪处罚。

学生钱某等8人以被害人杨某说钱某坏话为由，经预谋将杨某约至公园，后带至宾馆，采取打耳光、脚踹、拽头发等手段，对杨某进行殴打和侮辱，并限制其人身自由长达四天四夜，造成杨某轻微伤。

法院审理认为，被告人钱某等采用强制方法，非法剥夺他人人身自由，其行为均已构成非法拘禁罪。鉴于除被告人沈某外其余被告人犯罪时均系未成年人，钱某有自首情节，并积极赔偿且取得谅解，依法判处被告人钱某有期徒刑七个月；判处被告人孙某、周某、郑某、张某、冯某有期徒刑八个月，缓期一年执行；判处被告人沈某有期徒刑十个月。

法条直通车

《中华人民共和国刑法》（节选）

第二百三十八条　非法拘禁他人或者以其他方法非法剥夺他人人身自由的，处三年以下有期徒刑、拘役、管制或者剥夺政治权利。具有殴打、侮辱情节的，从重处罚。

犯前款罪，致人重伤的，处三年以上十年以下有期徒刑；致人死亡的，处十年以上有期徒刑。

5.侮辱罪、诽谤罪

诽谤罪是指捏造并散布虚假的事实，贬损他人人格尊严，诋毁他人名誉，情节严重的行为。侮辱罪是指以暴力或其他方法公然侮辱他人人格尊严，破坏他人名誉，情节严重的行为。这两种罪行多在言语欺凌和网络欺凌中出现，欺凌者通过给被欺凌者起外号，用语言进行诽谤，在网络上传播有辱被欺凌者的信息等方式实施欺凌。

浙江王女士从高中一年级时，就受到校园欺凌，而如果谁敢帮她，就会一起受到唾弃。高中毕业后，欺凌一直没有停止，几乎持续了十年。她终于忍无可忍，拿起法律武器维护自己的权利，起诉一个带头诽谤者。2018年4月12日，法院一审判决被告三个月拘役。

法条直通车

《中华人民共和国刑法》（节选）

第二百四十六条　以暴力或者其他方法公然侮辱他人或者捏造事实诽谤他人，情节严重的，处三年以下有期徒刑、拘役、管制或者剥夺政治权利。

前款罪，告诉的才处理，但是严重危害社会秩序和国家利益的除外。

通过信息网络实施第一款规定的行为，被害人向人民法院告诉，但提供证据确有困难的，人民法院可以要求公安机关提供协助。

6.抢劫罪

抢劫罪，是以非法占有为目的，对财物的所有人、保管人当场使用暴力、胁迫或其他方法，强行将公私财物抢走的行为。抢劫罪是校园欺凌行为中比较容易出现的，欺凌者向弱势的被欺凌者强制索要财物，如高年级的学生向低年级的学生索要文具和钱财等。抢劫行为不仅对人的财产安全有严重的危害，而且会威胁到人的人身安全。抢劫罪也是法律规定的处罚较重的罪行，最高可判死刑，这需要引起广大师生的重视。

于先生给15岁的儿子小石买了一部苹果手机，但没想到不到半个月时间，小石就遭遇了两次抢劫。小石抱着“手机不能丢”的念头，两次都成功地保护了手机，但依然遭到搜身和殴打，还被抢走

了身上的现金。事情结束后，小石因为不堪压力而转学，犯罪嫌疑人程某与李某因为涉嫌抢劫罪被检察院批准逮捕。

法条直通车

《中华人民共和国刑法》（节选）

第二百六十三条　以暴力、胁迫或者其他方法抢劫公私财物的，处三年以上十年以下有期徒刑，并处罚金；有下列情形之一的，处十年以上有期徒刑、无期徒刑或者死刑，并处罚金或者没收财产：

（一）入户抢劫的；

（二）在公共交通工具上抢劫的；

（三）抢劫银行或者其他金融机构的；

（四）多次抢劫或者抢劫数额巨大的；

（五）抢劫致人重伤、死亡的；

（六）冒充军警人员抢劫的；

（七）持枪抢劫的；

（八）抢劫军用物资或者抢险、救灾、救济物资的。

7.敲诈勒索罪

敲诈勒索罪是指以非法占有为目的，对被害人使用威胁或要挟的方法，强行索要公私财物的行为。敲诈勒索行为与抢劫行为有相似之处，但是又有不同。两者都是非法强占他人财物，不同之处在于：抢劫行为主要是运用暴力的形式直接进行抢夺；而敲诈勒索行为主要是运用言语对他人进行诈骗或者威胁，从而强占他人财物，例如扬言被欺凌者不交出财物就实施暴力行为。

一天，傅某在某小学门口通过言语威胁的方式，向在校小学生王某甲、王某乙各索要700元。次日，王某甲、王某乙分别从家中窃取700元交给傅某。之后，王某甲、王某乙又先后多次受傅某的威胁交付钱款共计2600余元。2016年10月21日中午，傅某再次在某小学附近拦阻王某甲，并要求其回家拿600元。王某甲回家窃取钱财时，被其父母发现并报警。次日，傅某向当地公安局某边防派出所投案。

法院审理认为，傅某以非法占有为目的，多次使用威胁手段向儿童索要财物，金额计4600余元，数额较大，其行为构成敲诈勒索罪。鉴于本案发生在学校附近，社会影响极坏，依法酌情对傅某予以从重处罚。依照《中华人民共和国刑法》，判决傅某有期徒刑一年，并处罚金5000元。

法条直通车

《中华人民共和国刑法》（节选）

第二百七十四条　敲诈勒索公私财物，数额较大或者多次敲诈勒索的，处三年以下有期徒刑、拘役或者管制，并处或者单处罚金；数额巨大或者有其他严重情节的，处三年以上十年以下有期徒刑，并处罚金；数额特别巨大或者有其他特别严重情节的，处十年以上有期徒刑，并处罚金。

8.强制猥亵、侮辱罪

强制猥亵、侮辱罪是《中华人民共和国刑法修正案（九）》修正的一项罪名。过去强制猥亵对象仅限于妇女和儿童，而修改后的刑法规定，猥亵和侮辱的对象不再有性别限定，无论男女都可能成为猥亵的对象。猥亵是指以刺激或满足性欲为目的，用性交以外的方法实施的淫秽行为。猥亵行为严重危害被害人身心健康、败坏社会风气。近些年来，校园欺凌中的猥亵案例越来越多，有些案例已经到了令人发指的地步，例如欺凌者强制脱掉被欺凌者衣服拍摄不雅视频与照片、借助外物侵犯被欺凌者的下体等。

2015年9月，女生王某遭多名女生殴打的视频在网上流传。视频显示，一名身穿白衣迷彩裤的女生被推倒在草地上，蜷缩着身子。视频中数名女生轮番上前猛踹之后，还揪其头发，数次掌掴受害女生。一个女生还一边侵犯其下体，一边对其讥讽凌辱。

警方根据线索查获何某等犯罪嫌疑人。何某等人对殴打、凌辱受害人王某的犯罪事实供认不讳，并因涉嫌犯罪均被依法采取刑事强制措施。

法条直通车

《中华人民共和国刑法》（节选）

第二百三十七条　以暴力、胁迫或者其他方法强制猥亵他人或者侮辱妇女的，处五年以下有期徒刑或者拘役。

聚众或者在公共场所当众犯前款罪的，或者有其他恶劣情节的，处五年以上有期徒刑。

猥亵儿童的，依照前两款的规定从重处罚。

名人名言

谁把法律当儿戏，谁就必然亡于法律。

——拜伦

有法必然治国，无法必然乱国；法有权威则治，法无权威则乱。不以规矩，不成方圆。

——孟子

二、教师和学校的责任

根据我国现行法律、法规和规章的规定，在校园欺凌中，学校和教师未尽到教育、管理职责导致学生发生伤害事故，或者欺凌事件发生后，由于处置措施不力造成了更严重的后果，学校和教师需要承担相应的法律责任。

（一）学校责任

学校有教育、管理和保护在校学生的职责。根据《中华人民共和国侵权责任法》的规定，无民事行为能力人在幼儿园、学校或者其他教育机构学习、生活期间受到人身损害的，幼儿园、学校或者其他教育机构应当承担责任，但能证明尽到教育、管理职责的，不承担责任。限制民事行为能力人在学校或者其他教育机构学习、生活期间受到人身损害，学校或者其他教育机构未尽到教育、管理职责的，应当承担责任。无民事行为人是指不满八周岁的未成年人及不能辨认自己行为能力的成年人。限制民事行为人是指包括八周岁以上的未成年人，不能完全辨认自己行为的成年人。

对于在学校中发生的校园欺凌事件，欺凌者对被欺凌者造成伤害或者损失，一般是由欺凌者及其监护人承担责任，但如果是学校方面有过错，也应承担责任。学校承担责任的大小，是由过错程度和过错行为与损害后果之间的因果关系决定的。对于不同年龄段的孩子，学校承担的责任是不一样的，学生年龄越小，学校承担的责任就越大。根据法律规定，对无民事行为能力的学生，学校承担责任的适用归责原则为“过错推定”，也就是只要发生了学生伤害事故，就推定学校有过错，应当承担民事责任。对于限制民事行为能力的学生在校园受到伤害时，学校承担过错责任，也就是学校没有尽到相应的教育、管理职责时才承担赔偿责任，赔偿责任数额根据其过错程度确定。

法条直通车

《中华人民共和国侵权责任法》（节选）

第三十八条　无民事行为能力人在幼儿园、学校或者其他教育机构学习、生活期间受到人身损害的，幼儿园、学校或者其他教育机构应当承担责任，但能够证明尽到教育、管理职责的，不承担责任。

第三十九条　限制民事行为能力人在学校或者其他教育机构学习、生活期间受到人身损害，学校或者其他教育机构未尽到教育、管理职责的，应当承担责任。

第四十条　无民事行为能力人或者限制民事行为能力人在幼儿园、学校或者其他教育机构学习、生活期间，受到幼儿园、学校或者其他教育机构以外的人员人身损害的，由侵权人承担侵权责任；幼儿园、学校或者其他教育机构未尽到管理职责的，承担相应的补充责任。

（二）教师责任

根据我国《学生伤害事故处理办法》《中小学幼儿园安全管理办法》等相关规定，发生学生伤害事故，学校负有责任且情节严重的，教育行政部门应当根据有关规定，对学校的直接负责的主管人员和其他直接责任人员，分别给予相应的行政处分；有关责任人的行为触犯法律的，应当移送司法机关依法追究刑事责任。其中，学校中的管理人员和教职员工是学校中直接负责的主管人员和其他直接责任人员。

在校园欺凌事件中，有些是因为教师擅离职守、未及时发现和制止造成的；有些欺凌事件虽然已经发现了，却因教师不报告、不采取处置措施或者采取的处置措施不力造成了更严重的后果。对此，相关责任人可能要承担行政责任。

2017年4月中旬，某校七年级学生小文在校内遭到学生殴打，并被拍成视频上传网络。参与者有9人，拍视频的是该校八年级一

第四章
校园欺凌的
法律责任

学生。

当地教育局经过调查，认为学校对事件定性不准，认识模糊，重视程度不够，处理不够及时，方法不够得当，措施不够得力。事件发生后，该校隐瞒消息和真相，没有及时向教育部门和公安部门汇报，使此事没有得到及时迅速处理，在社会上造成不良影响。

经研究决定，对该校主要管理人员和直接责任人员，分别给予免职、降级等行政处分。

在上面的案例中，由于学校的安全管理不到位导致没有及时发现欺凌行为的存在，而且事件发生后，学校隐瞒真相和消息，使得事件没有及时处理，给社会造成不良影响。因此，学校领导和相关负责人受到了行政处分。

法条直通车

《事业单位工作人员处分暂行规定》（节选）

第十七条　有下列行为之一的，给予警告或者记过处分；情节较重的，给予降低岗位等级或者撤职处分；情节严重的，给予开除处分：

（一）在执行国家重要任务、应对公共突发事件中，不服从指挥、调遣或者消极对抗的；

（二）破坏正常工作秩序，给国家或者公共利益造成损失的；

（三）违章指挥、违规操作，致使人民生命财产遭受损失的；

（四）发生重大事故、灾害、事件，擅离职守或者不按规定报告、不采取措施处置或者处置不力的；

（五）在项目评估评审、产品认证、设备检测检验等工作中徇私舞弊，或者违反规定造成不良影响的；

（六）泄露国家秘密的；

（七）泄露因工作掌握的内幕信息，造成不良后果的；

（八）采取不正当手段为本人或者他人谋取岗位，或者在事业单位公开招聘等人事管理工作中有其他违反组织人事纪律行为的；

（九）其他违反工作纪律失职渎职的行为。

有前款第（六）项规定行为的，给予记过以上处分。

如果被欺凌者遭受损害，学校存在过错，则学校要承担相应的民事赔偿责任。赔偿项目一般包括为康复治疗所支付的医疗费、护理费、交通费等合理费用以及精神损害赔偿金等。如果是由于教师的职责没有尽到位所导致的，学校予以赔偿后可以向老师追偿。

法条直通车

《学生伤害事故处理办法》（节选）

第二十七条　因学校教师或者其他工作人员在履行职务中的故意或者重大过失造成的学生伤害事故，学校予以赔偿后，可以向有关责任人员追偿。

晓雷因频繁逃课，他的教练郑老师指使小强等6名学生24小时轮流看管晓雷，没想到这些学生对晓雷拳打脚踢并用木棍殴打。

家人发现晓雷遍体鳞伤，将其送至医院。经诊断，晓雷全身多处软组织挫伤，已构成轻伤。晓雷的父亲黄先生将学校诉至法院，要求赔偿医疗费、精神损害费等近4万元。

法院经审理认为，学校在晓雷违反校规时，将其交给其他限制民事行为能力人彻夜看管，导致其被同学殴打，学校应对该事件负主要责任。

在该案例中，学校和郑老师都存在过错。郑老师应该预见到安排学生看管晓雷本来就限制了晓雷的人身自由，忽视了对学生的管理和教育，所以学校有权向教师进行追偿。

如果校园欺凌事件中，学校有关负责人的行为触犯刑法，应当移送司法机关依法追究刑事责任。也就是说，教师在校园欺凌事件中不仅需要承担民事责任和行政责任，有可能还需要承担刑事责任。

法条直通车

《学生伤害事故处理办法》（节选）

第三十二条　发生学生伤害事故，学校负有责任且情节严重的，教育行政部门应当根据有关规定，对学校的直接负责的主管人员和其他直接责任人员，分别给予相应的行政处分；有关责任人的行为触犯刑律的，应当移送司法机关依法追究刑事责任。

《中华人民共和国教师法》（节选）

第八条　教师应当履行下列义务：

（一）遵守宪法、法律和职业道德，为人师表；

（二）贯彻国家的教育方针，遵守规章制度，执行学校的教学计划，履行教师聘约，完成教育教学工作任务；

（三）对学生进行宪法所确定的基本原则的教育和爱国主义、民族团结的教育，法制教育以及思想品德、文化、科学技术教育，组织、带领学生开展有益的社会活动；

（四）关心、爱护全体学生，尊重学生人格，促进学生在品德、智力、体质等方面全面发展；

（五）制止有害于学生的行为或者其他侵犯学生合法权益的行为，批评和抵制有害于学生健康成长的现象；

（六）不断提高思想政治觉悟和教育教学业务水平。

思考

你认为学校承担这些责任够吗？如果不够，你觉得学校还需要承担哪些责任呢？

第五章
校园反欺凌措施

校园欺凌是一个全球性的社会问题，已经被定义为社会公害，引起各国及社会各界的关注。目前，各国都在寻找预防与治理校园欺凌的“灵丹妙药”，力求通过教育和法律的手段将校园欺凌事件的危害降到最低。

我国政府也在积极寻求解决校园欺凌的妙招。2018年，在第十三届全国人民代表大会第一次会议的记者会上，全国人大内务司法委员会负责人表示，校园暴力或者校园欺凌各地都有发生，有的行为非常恶劣，对这个问题全国人大常委会和国务院及其有关部门高度重视，社会也广泛关注。全国人大内务司法委员会建议，修改未成年人保护法和预防未成年人犯罪法。“在修法过程中，一定会认真研究这个问题，提出有针对性的解决办法。”2018年4月，河南省教育厅、省综治办、省高级人民法院、省人民检察院、省公安厅等11个部门联合出台《河南省加强中小学生欺凌综合治理实施方案》，力争把校园建设成最安全、最阳光的地方，对校园欺凌坚持“零容忍”。2018年4月，青海省教育厅、省高级人民法院等多部门联合制定出台《青海省加强中小学生欺凌综合治理实施方案》，根据中小学生欺凌的特点，在采取严格学校日常管理、定期开展排查、加强教育引导、严格规范调查处理、妥善处理申诉请求、做好专门（工读）学校建设的基础上，强化对实施校园欺凌学生的教育惩戒。2018年6月，福建省教育厅等11个部门印发《福建省加强中小学生欺凌综合治理实施方案》的通知，该方案明确了积极有效预防学生欺凌的四项举措：指导学校切实加强教育；组织开展家长教育；严格学校日常管理；定期开展排查。

要怎么样才能还给孩子们一个阳光明媚、美好宁静的校园环境呢？我们需要集中各种力量，加强对校园欺凌现象的干预与预防，从学生、家庭以及学校三个方面入手，建设安宁、和谐的校园环境。

一、不同形式的校园欺凌的应对方法

校园欺凌的形式多种多样。在第一章节中，我们已经详细叙述了校园欺凌的各种表现形式，主要有言语欺凌、身体欺凌、关系欺凌、财务欺凌、网络欺凌、性欺凌、老师欺凌学生、学生欺凌老师等。那么，面对不同形式的校园欺凌，我们需要怎么应对和保护自己呢？

（一）言语欺凌

当你面对欺凌者给你取外号，或者用不雅的词语开玩笑甚至辱骂时，你要保持冷静，直视欺凌者，严肃告诉他停止一切言语侮辱。有时候用眼神接触和冷静清晰地表示“不”是缓和处境的最好方法，切勿以叫喊或者采用肢体暴力形式去反击欺凌者，否则欺凌者可能会更加欺负你。当你告诉欺凌者自己不喜欢受到这样的对待时，就相当于清楚地告诉对方需要马上停止这一切。如果经过一再告诫，欺凌者仍然不停止这一切的话，那么你首先选择远离对方，然后寻找外界的帮助——寻找家长或者老师，请他们以成年人的角度解决问题。更为重要的是，你千万不能把欺凌者的欺凌语言放在心上，千万不要在意对方的侮辱性言语，因为那是具有攻击性的，而且是胡编滥造的，你要相信自己是最棒的，要始终保持一颗自信的心来面对生活和学习。

尽管现在人们用“惊人的”“难以置信的”甚至是“奥运会历史上收获奖牌数最多的运动员”来形容迈克尔·菲尔普斯，但他小时候却被贴上一些与此截然相反的标签。小的时候，别人笑话他的招风耳、口齿不清和他过长的手臂，但正是这双手臂最终成就了他的伟大。菲尔普斯受到的那些讥笑反而激励着他一步步地成为一个伟大的运动员，他的教练鲍勃·鲍曼说："迈克尔就像一台动力机——无论好心情还是坏心情，他都会将所有的情绪转化为取得进步的动力。"我们猜想，那些因素也包括他童年时期被人嘲笑的经历。很显然，菲尔普斯有能力应对任何逆境，并使它们成为让自己更加刻苦训练的动因，他甚至在圣诞期间还坚持训练。菲尔普斯的故事尤其能给那些遭遇过欺凌的孩子们以鼓励，让他们明白：你不但能够应对别人的嘲笑，还能把它们转化为让自己变得了不起的动力。

思考

迈克尔·菲尔普斯成功战胜言语欺凌的原因是什么？

（二）身体欺凌

身体欺凌能够对被欺凌者造成最直接的身体伤害，轻则受伤，重则死亡，并且在校园欺凌案件中也是非常常见的。对于这种欺凌形式，我们需要怎么预防呢？

第一，我们需要了解校园欺凌的危害。很多欺凌者在实施欺凌行为之前，并没有意识到身体欺凌可能带来的严重后果，很多都是在一时冲动之下做出的不理智行为，最终酿成悲剧。对此，社会各方，无论是学校还是家长，在日常生活中要多向学生宣传身体欺凌行为的危害，让学生深刻意识到这种危害带来的恶劣影响，使学生对欺凌行为有所忌惮，从而有效预防身体欺凌。

第二，我们需要远离有暴力倾向的同学。在学校与同学共同学习和相处时，一旦发现某些同学脾气暴躁且具有暴力倾向，那就要尽可能远离对方，不要与对方发生冲突。因为具有暴力倾向的同学往往不能很好地控制自己的行为，一旦与他们发生冲突，更容易遭受身体欺凌。

第三，每个人都需要学会与人沟通，礼貌待人。平时与同学们相处，我们或多或少都会发生一些矛盾、冲突，因此，我们需要学会与人沟通。遇到事情时，不要轻易发脾气，首先要与对方心平气和地沟通，礼貌待人。不管发生什么事情，礼让他人并不是坏事。但是需要注意的是，礼让不等于忍让，一旦对方向自己实施暴力行为，要及时保护自己，向家长或者老师等长辈求助，必要时可以报警。

第四，一旦处于欺凌现场中，甚至欺凌者已经实施了身体欺凌行为，最重要的还是要保持冷静，思考如何保护自己，从欺凌现场安全逃走。可以大声警告对方，并且适时自卫，同时大声呼救求助，寻找机会逃走。在一些情况下，与欺凌者理论是不会有任何效果的，而且欺凌行为具有明显的反复性和报复性，因此，在遭受身体欺凌后，一定要及时报警求助。有些欺凌者在实施欺凌行为之后会警告被欺凌者不准告发，一定不要按照对方说的那样，一旦脱离危险，要马上跟家长或者老师说明情况，不然会陷入被欺凌的恶性循环。如果是遇到一群人的攻击胁迫，应采用迂回战术，麻痹对方，顺着对方的话来说，为自己争取时间，寻找逃跑和获救的机会。切勿强烈反抗和激怒对方，这样只会招来更加强烈的暴力行为。

谢某是某中学初中三年级的一名女学生，一天放学，谢某和同学张某一起走在回家的路上，发现身后有人跟着，于是觉得有些不对劲。谢某情急之下让张某先走，并且嘱咐张某如果发现自己被围堵，就打个电话给她，并立刻把张某的电话号码备注为自己的妈妈。果不其然，到没人的地方，一直跟在后面的六个男生就围了上来，并且嘴里骂着谢某。这时，张某准时打来电话，谢某当着这六名男生的面接了电话，并说："妈妈，我被人围堵了，你赶紧报警过来救我！"这六名男生一听吓坏了，连忙上来对电话说："阿姨，我们只是开玩笑的，马上走。"于是六个围堵的男生一哄而散，谢某成功脱离危险。

在上述案例中，在面对即将被围堵群殴的情况下，谢某不慌不忙，机智地逃出欺凌现场，这种临危不乱、随机应变的脱险方式值得同学们学习。

（三）关系欺凌

关系欺凌一般是通过散播谣言、社交孤立的方式来进行，其发生具有非常强的隐蔽性。因此，在平常的学习和生活中，我们应当注意到：

第一，要洁身自好，不要在背后说别人的坏话，正所谓人前不能说的话，人后也不要说。要想让自己远离是非，自己就不要多谈论是非。平时与他人交流时，多谈一些健康有益的话题，对他人有意见时，可以当面委婉地提出来，千万不要在背后和他人说三道四。

第二，要提高自身素质，以宽容的心态对待他人。人非圣贤，孰能无过，每个人在学习和生活中难免会犯错。因此，我们应当提高自身的素质，培养豁达和宽容的心胸，不要抓住别人的错处不放，得饶人处且饶人。当我们以宽容的态度对待别人时，我们也会收获一份宽容。

第三，当我们遇到他人的关系欺凌时，首先要做到大方应对，不躲不避。新来的转校生特别容易受到关系欺凌，要快速融入一个集体不是一件容易的事情。因此，转校生如受到关系欺凌，不要太着急，态度要谦虚，落落大方，不拘小节，争取早日融入新集体。必要的时候，可以请老师和家长帮助，查清问题的起源，以此解决问题。切记不要在遭到他人的关系欺凌时以牙还牙，这样只会给自己造成更深的伤害。

（四）财务欺凌

故意破坏同学的财物、敲诈勒索等都是属于财务欺凌。若是有同学故意破坏你的东西，最好的方法就是第一时间跟家长或者老师进行求助，让对方给予赔偿。财务欺凌中比较严重的行为是敲诈勒索，因为它除了会让被欺凌者的财物受到损失，还可能对被欺凌者的身体造成损害，需要引起我们的注意。那么，面对敲诈勒索这类的校园欺凌，我们该怎么办呢？

第一，多加预防，谨言慎行。要想不被敲诈勒索，首先要遵纪守法，不要在课余时间去游戏室、网吧、舞厅等地方；其次，要做到自我约束，增强防范意识，不穿奇装异服，不使用奢侈品，以免引起别人注意；最后，不学一些不健康的言语、动作，陌生人搭话时应提高警惕，放学回家的路上尽量和同学一起走，不要走偏僻的小路。总之，预防的方法很多，但最关键的是我们要培养健康、文明、科学的生活方式，培养自己的自制力，不受外界不良诱惑的引诱。

第二，当身处欺凌现场时，应该根据当时事发的情况，采取适当的方法，保护自己。一是反抗，即当对方力量与自己相当或者不如自己时，被欺凌者要寻找对方的薄弱之处，趁其不备，控制对方；如被欺凌者发现地上有反击物（石块、木棒）时，可假装蹲下系鞋带捡起地上的反击物震慑对方。二是想办法感召对方，即通过讲道理，晓以利害，开启对方的善念，引起同理心；或者义正词严地怒目斥责对方，使对方畏惧退缩，放弃不法行为。三是巧妙地与对方进行周旋，可以佯装服从，稳住对方，分散其注意力，寻机脱身报警，尽量向人多的地方跑。四是可以采用耍赖的办法，即突然倒地打滚或者大哭大叫，这样可以引来围观者，伺机脱身。五是伺机向周围的人呼救，可以突然大吼“救命啊”，以此引来旁观者进行求助。六是假装害怕，暂时答应对方条件，约定时间、地点交财物，待对方离开后报警，不要害怕欺凌者的警告，他们毕竟心虚，对公安干警心存畏惧。七是实在无法逃身的时候，该舍弃的财物要舍弃，自己的安全最重要。可以把书包或者身上值钱的东西向远处抛去，待对方去捡东西的时候，快速逃离并且报警。

刘某一直沉迷于网络游戏，但一缺钱就玩不了，怎么办呢？他想到向同学敲诈。一天，刘某逼方某拿钱，并威胁说：“你以前跟别人打过架，被打的人叫我来拿医药费，我认识许多社会上的人，不给钱就叫人来打死你。”方某惧怕，将自己身上仅有的5块钱都给了刘某，此后刘某一而再再而三地向方某要钱，最后一次，刘某威逼未果，便将方某带到一个偏僻的地方，用碎玻璃刮方某的手掌，用烟头烫方某的手臂，并要求方某第二天中午把钱交到自己手中。方某这才将事情告诉其父亲，方某的父亲马上到公安机关报案，并配合公安人员将刘某抓获归案。

方某如果在第一次被敲诈后向家长或学校老师求助，便能及时打压刘某的嚣张气焰，也会免受后来的皮肉之苦。

（五）网络欺凌

网络欺凌作为一种新型的校园欺凌方式，其危害程度并不比传统校园欺凌的危害程度低，甚至危害更大，影响更深。未成年人的身心发展还不成熟，很容易沦为网络欺凌的受害者。由于网络欺凌基本都发生在校园之外，学校很难及时干预。为了保护未成年人不受网络欺凌的侵害，我们需要做到以下几点：

第一，提高自我防护的意识。未成年人要注意自己在网上的言行，避免成为网络欺凌的作恶者，同时要加强网络安全意识，提高自身的防御能力。事实上，未成年人在网上传播的留言信息和图片有很大比例和他们身边的人有关。这就要求未成年人注意保护自己的隐私，加强隐私设置，设置好友权限，即使是亲密的朋友也不要分享自己的账号和密码，防止个人信息泄露。在遭受网络欺凌时，未成年人通常会采用屏蔽作恶者或删除不良信息，有的还会对网络欺凌进行报复。但是调查发现，报复可能不仅不会起到威慑的作用，反而会使情况恶化。未成年人在受到欺凌后，先不要急于反击，应当在第一时间把事情告诉熟悉的同学、朋友、家长和老师，听取他们的意见，排解心理的压抑。

第二，提高心理素质和个人能力。缺乏自信的学生很容易卷入网络欺凌事件，因此，经常陷入欺凌的未成年人需要加强自信心训练。研究表明，被欺凌者大多缺少朋友，经常形单影只，这使得他们很容易成为欺凌对象。因此，被欺凌者还需要进行社交训练，提升自己的社交能力。

第三，学会合理求助。调查发现，处理网络欺凌最有效的途径就是告知身边的朋友，特别是同校同学或同龄朋友。由于在网络空间中接触较多，他们比成年人更容易获得关于欺凌者的信息，由他们来提供帮助是最好的方式。

【故事学习】

加拿大纽芬兰省的女高中生坎特韦尔，经历了一件典型的“网络校园欺凌”。

由于被人在网上恶意投票选为“12年级最丑女生”。她与另外几个上榜的女生一样，感到非常难堪和愤怒。

她说，大家可能都以为她会大哭一场，然后转学。但是她不能就这样被击溃，因为这么一来，想毁掉她人生的“欺凌者”就真的赢了。

在同一天，坎特韦尔就在自己的个人网页上发出反击，直接炮轰匿名的欺凌者。她写道：

“我真替你难过，你过着糟糕的日子，只好去贬低别人。”

“我知道我有双下巴，穿特大号衣服，没有完美的脸和完美的微笑。但我不为自己感到难过，我只为你们感到伤心。你们的生活多么空虚，只能靠着伤害别人取乐。”

“你们永远没有机会了解我是一个什么样的人。我也许外表不好看，但是我风趣、善良、脚踏实地、宽容随和、愿意帮助别人。其他被你们放进这个侮辱名单的姑娘们也都是一样的。我们或许外貌不完美，但这不代表我们丑。”

许多认识她和不认识她的人纷纷点赞和转发，还有许多人给坎特韦尔写信，大力赞美她，说她很漂亮，很勇敢。有些信息甚至来自遥远的阿尔伯塔，还有许多的鲜花送到了她的家。

坎特韦尔害羞地说：“太奇妙了，全是正面鼓舞……他们说，我很美，我的行为鼓励了他们，也帮助了他们。”

思考

坎特韦尔是如何反击网络欺凌的？从她身上，你学到了什么？

知识小链接

自信心训练的方法

1.默念“我行，我能行”

有自卑感的同学评价自己，总认为自己不行。“我语文不行。”“我数学不行。”“我英语不行。”“我这也不行那也不行。”越认为自己不行就越没信心，越没信心就越觉得没劲，甚至破罐子破摔。

所以，为了克服自卑心理，树立自信心，我们可以在心中默念“我行，我能行”。默念时要果断，要重复几次，特别是在遇到困难时更要默念，只要你坚持默念，就会通过自我的积极暗示的机理，逐渐树立信心，逐渐积累心理力量。

【自我心理训练语】

相信自己行，才会我能行；
别人说我行，努力才能行；
今天若不行，明天争取行；
能正视不行，也是我能行；
不但自己行，帮助他人行；
相互支持行，合作大家行；
争取全面行，考试才能行。

2. 多想自己开心的事

每个同学都有开心的事，开心的事就是你做得成功的事，信心和力量都是它的产物。要多想你最得意、最成功的事。例如作业完成得很好，细心品味那时你心里的感受。

3. 面带微笑

没有信心的人，经常眼神呆滞，愁眉苦脸，而雄心勃勃的人，总是神采奕奕，满面春风。

人的面部表情与人的内心体验是一致的。笑是快乐的表现。笑能使人产生信心和力量；笑能使人心情舒畅，精神振奋；笑能使人忘记忧愁，摆脱烦恼。

学会笑，学会微笑，学会在受挫折时笑得出来，就会提高自信心。请同学们仔细体验一下微笑的心理感受。虽然这个方法看起来很简单，但是做起来确实有效果。当你逐渐养成了经常微笑的习惯，你就会觉得内心充满了信心和力量。

4. 挺胸抬头

人的姿势与人的内心体验可以相互促进。遇到挫折而气馁的人常常垂头丧气，这是失败的表现，是没有力量的表现，是丧失信心的表现。成功的人，得意的人，获得胜利的人总是昂首挺胸，意气风发。昂首挺胸是富有力量的表现，是自信的表现。

一个人有信心，有力量，便昂首挺胸，没有信心，没有力量，就无精打采，垂头丧气。养成昂首挺胸的习惯，就会逐步树立信心，提高信心。

【自我心理训练语】

人的外貌表现心灵，
我有积极的心态，
因此，要昂首挺胸，敏捷而行。
我感受到别人对我的赞赏，
这是我心绪向上的象征！

5. 主动与人交往

见面主动与人打招呼，主动问候别人，按照常规，别人也会回敬地问候你。

你微笑。你对别人微笑问候“你好”，别人不可能会对你横眉竖眼地回复“你不好”，这是不符合人之常情的。你和别人在微笑的问候中，都会感受到人间的温暖与真情，这种温暖与真情使人充满力量和信心。

6. 欣赏振奋人心的音乐

人们都会有这样的情绪体验：当听到雄壮激昂的乐曲时，往往因受到激励而热情奔放，斗志昂扬；当听到低沉悲壮的哀乐时，往往有悲痛、怀念之情涌上心头。因此，经常听一听欢乐的音乐，对调整情绪，是大有好处的。

7. 在已经取得成就或显现优势领域继续努力

不少同学在获得成功和自信之后，往往忘记了自己的曾赖以获得快乐的品质或特点。因此，切忌放弃自己的优势另起炉灶，或者朝三暮四、半途而废。坚持不懈地在自己已经有所成就，或者显示出较大优势的领域内努力工作，是不断提高自信、走向成功的秘诀之一。

【自我训练语】

我已有不少成就，
这就是我的新起点，
只要我努力，
更大的成就，
就在明天！

8. 自主地选择适合自己发展的环境

有的环境能为你提供展示优点的机会，具有并协助你发展的条件，拥有一些与你目标一致，对你关心、理解、支持的人；但有的环境不但不具备以上因素，反而会压抑你、妨碍你、挫伤你，成为你必须与之抗衡的对象。

因此，有意识地选择自己发展的环境，有目的地引导自己不断发挥和巩固自己的优势，是充分提高自信的有效途径。

9. 主动尝试

对自己从前没有接触过的、能提高自己能力的领域，有着一份好奇心和求知欲。不计较眼前的得失，也不提出过分的要求，鼓励自己大胆尝试，尽力去看、去想、去做。

10. 自觉充实闲暇的时间

有的同学在生活中很被动，只有当老师、父母要求他做什么，他才去做什么，而且做完之后便无所事事，闲暇时间被一些琐碎的休闲活动所填塞，如聊天、上网、逛街、看电视、睡觉等。他们很少去考虑将来，只是消极地去等待将会到来的机遇。而另一类人生活得很主动，他们不但做好被要求做到的事情，而且在闲暇时间“没事找事”，主动去接近有益的人和事物，寻找各种机会丰富自己。他们的眼睛不仅仅看到现在，也积极地关注未来，并且把关注转化为行动，通过增长见识和提高才干来把握命运。相比之下，后者生活得更充实，未来的发展会更顺利。因此，最好让自己的闲暇时间充实一点，尽可能地去做各种有助于自己发展的事情，保证自己信心的源头永不枯竭。

（六）性欺凌

孩子们进入青春期，针对他们的性欺凌就会显著增加。青少年喜欢嘲讽甚至辱骂那些吸引他们注意力的同伴，例如平胸的女生、个性敏感温柔的男生、性别特征不明显的同伴等，更过分的做法是通过扒衣服、拍裸照、侵犯私密部位等方式进行。面对这一类的欺凌，我们又该如何保护自己呢?

第一，注意着装，少穿或不穿暴露紧身的衣服。青春期是生长发育的鼎盛时期，不仅身高和体重会急剧增长，第二性征也会开始发展，比如女孩子的胸部开始发育，男孩子长出胡须、喉结突出等。这时，应尽量少穿或不穿超短裙、背心上衣等较为暴露的服装，以免埋下性欺凌的祸根。作为学生，校服是最好的服装，大部分学校的校服都是非常宽大的，这样可以保护青春期孩子的第二性征。少数没有校服的学校，学生在着装方面应该选择较宽松、舒适的服装，而不是暴露紧身的服装。

第二，洁身自好，不浏览黄色暴力的影视资料和网页。未成年人的心智尚未成熟，面对海量的网络影视资料，很容易迷失自己。尤其是处于青春期的学生，随着性功能的不断成熟，对黄色暴力内容有猎奇心理，并容易将虚拟世界中黄色暴力现象复制到现实生活中。

第三，机智应对，寻找外援。当同伴对你性别特征进行嘲讽时，你首先要保持冷静，你越激动，他们的嘲讽便会越激烈。最好的方式是不理睬，他们的嘲讽若没有引起你的注意，一般会主动选择放弃。但如果这种现象持续不断的话，记得寻找外援，让家长或者老师来处理。当你面临同学诸如扒衣服、脱裤子的肢体侮辱时，首先要找准机会逃走，事后一定要马上跟家长和老师反映，必要时进行报警。

【故事学习】

《韩公主》是一部根据真实事件改编的电影，该影片获第十八届釜山国际电影节奖和第六届韩国年度电影奖最佳影片。电影讲述了一位十七岁的少女和她的朋友遭受到一群无良少年的轮奸，而后朋友自杀，父母躲避，警方不作为，旁观者嘲讽。

该电影源于韩国的密阳群体性暴力事件：2004年，年仅十四岁的女中学生以及她十三岁的亲妹妹和十六岁的表姐三人遭到密阳三个高中校园学生组成的不良团体的殴打轮奸。涉案人员多达41人，在施暴过程中作案人员还拍下女生的相片，拷问女生的真名、学校班级、住所地址等，并以此为要挟，多次威胁女生并轮流发生

关系，施虐手段令人发指、骇人听闻，且长达一年之久。直到其中一位女生，由于难以忍受身心上的折磨自杀未果，母亲随后报警。

花季少女从此再也没有灿烂的笑容，人生被打上了抹不去的烙印，即便转学，那些无良少年的父母们还是找上被害女生，责怪她毁了自己的儿子。

在警署内部，施暴人员的家族利用关系胁迫调查该事件的警员，致使调查期间，被害者请求女性警察来检查自己身体的要求，竟然被无视，甚至施暴人员在警察在场的情况下仍然威胁谩骂被害者。更夸张的是，连某些警察也对被害者十分粗暴，认为她们是"密阳的耻辱"……

罪恶的伤害，就在这样的放纵下不断地发酵，可怜的被害女生没有得到丝毫的保护，反而遭受到无休止的羞辱，一步步地被推向了绝望的深渊……帮凶们成了压死骆驼的最后一根稻草，最终被害女生，跟朋友一道跳入河中……

思考

电影《韩公主》及其背后的真实事件，让我们认识到了校园性欺凌的罪恶，你认为我们应该怎么应对和预防性欺凌呢？

二、从不同层面预防校园欺凌

（一）学生层面

1.不做欺凌者

（1）学会控制自己的情绪

愤怒是人的一种情感。你对某件事情产生愤怒并没有错，但如果把自己的愤怒发泄到别人身上，进而去欺凌他人，那么就是不对的。理性就像骑手，愤怒就像骑手的坐骑，当骑手不够强硬时，愤怒就会战胜理性。在日常生活中，我们要注意自己情绪的爆发点。当发觉自己的情绪即将爆发时，可以尝试离开当时的环境、咬住自己的下唇，或深呼吸并默念“暴力解决不了问题”等，以此来提醒自己保持冷静。

（2）远离不良群体

随着年龄的增长，你会越来越渴望与同龄人交往并融入群体。此时，你模仿的对象不再限于家长和老师，而是在群体中有一定影响力的人，于是在模仿过程中，你会被同化。由于处在成长阶段的青少年思想还不成熟，极易受到不良团体的挑拨和唆使，所以你所需要做的，便是远离这些不良群体。

（3）和老师、家长交流

当你出现实施欺凌行为前的犹豫不决，或者是实施欺凌行为后的矛盾心理时，一定要找家人、老师沟通，他们会给你提供建议，协助你做出改变。

（4）培养同理心

己所不欲，勿施于人。当你想实施欺凌行为时，换位思考一下，站在被欺凌者的角度和位置来理解对方的内心感受。如果你遭遇了同学的欺凌，会有什么感受，你会受到什么伤害。每个人都有自己想法和行为方式，但是如果你在与他人交往过程中仅考虑自己的感受，把自己的想法和行为强加到他人身上，会容易让对方感觉被压制和情绪低落。有研究表明，经常进行换位思考的人不容易实施不良行为或者犯罪。

（5）寻求心理帮助

如果你经常控制不住自己的情绪，喜欢去欺负别人，而事后又会及时意识到自己这样子做是不对的，也就是说你是因为控制不住自己才实施的欺凌行为。这时，你就需要寻求心理老师或者心理医生的帮助了。他们拥有相关领域的专业技能，能够协助你控制好自己的行为。不用担心看医生会引起同学们的歧视和嘲讽，他们的职业操守会保护你的隐私，或者你也可以通过电话、视频的方式向心理医生咨询。

名人名言

人活着就要像一支和顽强的崖口进行搏斗的狂奔的激流。你应该不顾一切纵身跳进那陌生的、不可知的命运，然后，以大无畏的英勇把它完全征服，不管有多少困难向你挑衅。

——泰戈尔

先相信你自己，然后别人才会相信你。

——屠格涅夫

2.避免成为被欺凌者

（1）建立自信心

当一个人对自己的优缺点非常了解，不在意别人对自己的评判，并对自己保持自信时，就很难成为被欺凌的对象。相反，懦弱、胆小、内向的性格更容易受到欺凌。在一些情况下，你成为被欺凌者很大一部分原因在于欺凌者知道他们的欺凌行为能够让你失落难过，并且你的失落情绪能够让欺凌者感受到自己的强大和控制力进而得到自我满足。

如果你非常自信，即他人的言语和行为并不会影响你对自己的看法时，欺凌者从你身上得不到欺凌人的满足感，往往会放弃自己的行为。

（2）增强身体素质

校园欺凌事件中，很多都是恃强凌弱，只要你足够强大，就没有人敢欺负你。有研究发现，校园欺凌中的被欺凌者从外形上看大都偏瘦或者偏胖，行动比较迟缓。在日常生活中，你应该积极参与运动，进行身体锻炼，把自己的身板变得强壮。这样，欺凌者不敢轻易招惹你，就算欺负你了，你也能够更好地保护自己。在锻炼身体的同时，可以参加自我防御课程，通过学习防御手段来应对校园欺凌，如跆拳道、拳击等。但务必记住，你学习的是防御课程，是用来在危机时刻保护自己的，而不是将这些技术用在欺凌别人身上。

（3）避开欺凌多发地

空旷的天台、厕所、操场的一角等偏僻的地方是校园欺凌的多发地，因为这些地方一般远离成年人的视线，而且也不会有大量的学生活动。为了避免遭受校园欺凌的侵害，在日常的活动中注意识别这些地点，减少在这些地方停留的时间和次数。尽量不要独自前往这些地方，最好有一至两个好朋友陪同，或者确定有成年人在这些地点的时候，你再经过或者逗留。

（4）谨慎交友

那些相对孤僻、独来独往的学生更容易成为欺凌者的目标。这时，为了保护自己免受校园欺凌，你需要学会融入一个群体中，结交可靠的朋友。在结交朋友的过程中，需要考虑对方的品行，尽量与有暴力倾向和尖酸刻薄的人保持距离。

【故事学习】

管宁与华歆是一对很要好的朋友，他们同吃同住同学，成天形影不离。有一次管宁和华歆同在园中锄草，看见地上有一片金，管宁仍依旧挥动着锄头，和看到瓦片石头一样没有区别，华歆高兴地拾起金片而后又扔了它。又一次，他们同坐在一张席子上读书，有个坐着有围棚的车穿着礼服的人刚好从门前经过，管宁还照旧读书，华歆却放下书出去观看。管宁就割断席子和华歆分开坐，说："你不是我的朋友了。"

思考

管宁割席的故事告诉我们哪些人适合当作朋友？你又认为什么样的人值得当朋友呢？

名人名言

自觉心是进步之母，自贱心是堕落之源，故自觉心不可无，自贱心不可有。

——邹韬奋

少年读书如隙中窥月，中年读书如庭中望月，老年读书如台上玩月，皆以阅历之浅深为所得之浅深耳。

——张潮

3.不做旁观者

（1）不加入取笑行列

当班级里有人被取绰号或者被嘲笑时，记得一定不要加入这些行动，否则会助长欺凌者的气焰，让欺凌事件变得更加严重，也会间接对被欺凌者造成伤害。事实上，你若加入欺凌行动中，你就是欺凌者的帮凶，与欺凌者没有差别。你要做的就是不参与此类的事件，对欺凌者好言相劝，如果事态严重的话，可以请求老师进行干预。

（2）不在旁边煽风点火，要制止欺凌

研究发现，无论是青少年还是成年旁观者，其在场都是激发或阻止校园欺凌的关键因素。也就是说旁观者的围观与起哄能够进一步激发校园欺凌的发展，而旁观者的及时制止可以终止校园欺凌行为。大部分的欺凌者想通过欺凌来树立自己在群体中的地位，或者想通过欺凌让围观者随声附和，以此来提高自己的存在感。此时，如果周围有一两个甚至是更多的人对欺凌者的行为表示不赞同，欺凌行为可能就会终止。

所以，你作为旁观者处于校园欺凌现场时，你要做的事情就是对欺凌行为表示否定，并上前制止欺凌行为。当然，如果你一个人的力量过于薄弱的话，是不可能有效遏制欺凌的。这时你可以和几个同样对欺凌行为不满的朋友一起站出来共同遏制欺凌行为。

（3）求助家长、老师或者其他成年人

你在决定上前制止校园欺凌时，要对可能的结果做好评估，当自认为有效终止欺凌行为的概率较低时，要及时去寻找能够有效制止欺凌行为的成年人。一般学校老师或者警察的出现，都能够有效制止校园欺凌行为。因此，你向成年人或者警察求助不仅可以防止自己被欺凌，还可以有效制止欺凌行为。

你向老师、家长打小报告的行为可能会受到指责，被认为是“告密者”“叛徒”；也有些同学会认为你太懦弱，遇到事情只会找大人。对于这些说法，你要坚信自己是正确的，他们才是做错的一方，如果你没有及时求助于成年人，可能会酿成悲剧。欺凌行为本身就是错误的，这种行为已经违反了学校、社会的规则，甚至违反了法律，必须予以制止，欺凌者应当为他们犯下的错误承担责任。

部分欺凌者可能会将怒气转移到制止欺凌行为的旁观者身上，找准机会

向你报复。你不必害怕，及时请求老师、家长的帮助，他们可以帮你渡过难关。当然，你在通知老师或者其他人员时，可以提醒他们不要透露自己的个人信息以免受到报复。

（4）关心被欺凌者

被欺凌者经受了欺凌行为，不仅身体受伤，其自尊心也会受到打击，感到羞耻、失落等。此时，作为朋友或者同学，你可以表示自己的关心，给予被欺凌者安慰和鼓励，帮助他们走出被欺凌的阴影。值得注意的是，这时候，我们不要一味地指出被欺凌者的缺陷或者他遭受欺凌的原因，这样会让被欺凌者的情绪更加悲观，因为欺凌行为已经伤害了他的自尊心。

（二）家庭层面

家庭环境与家庭教育对孩子有着至关重要的作用。应对和预防校园欺凌并非学校和老师的单方面责任，家长作为学生的监护人也有不可推卸的责任。那么，家长应该如何应对和预防校园欺凌现象呢？

1.增强意识，认识危害

很多家长会有这样的思想：打打闹闹是孩子的天性，谁不是这样子过来的呢？这种想法是非常不对的，基本无视校园欺凌的危害性。对此，家长需要充分意识到校园欺凌的危害，即使是小小的辱骂，也会伤害孩子的自尊，种下自卑的种子。同时，家长需要做好自己孩子的思想工作，让其意识到欺凌他人是一种不对的行为，这种行为不但会伤害别人，也会让自己陷入困境。要求孩子不但要学会保护自己，而且不能欺凌他人，从小培养良好的道德素养。

家长还需要分清欺凌与玩笑的界定，区分欺凌与玩笑主要是看欺凌的一方是否存在主观的恶意因素以及行为是否对另一方造成伤害。相同的行为方式会因学生行为的意图以及对另一方是否造成伤害而产生本质的区别。比如同样是“猪头”的绰号，如果是一名学生对另一名学生的恶意取笑，并且让另一名学生感到自卑、沮丧，那么该行为就构成了欺凌；而如果这个称呼是亲密朋友间的昵称，是对方所乐意接受的，那么就是玩笑。

2.用心教育，培养孩子

家长除了提高自身对校园欺凌的认识，还需要创造良好的家庭氛围，注重对孩子的教育，用心培养孩子。

（1）以身作则

家长的一言一行都会对孩子产生巨大的影响。因此，家长在平时生活中需要营造和谐、温馨、文明的家庭环境。家人间要用和平沟通的方式来处理家庭事务，而不是粗鲁暴力的方式。当孩子目睹了父母亲之间的相互攻击和指责，那么他今后可能会用这样的方式来解决问题，很容易迁移应用到学校生活中。因此，家长需要学会控制自己的情绪和言行，不在孩子面前展现粗暴的一面。采用温和、民主的教育方式，减少对孩子的批评、指责、打骂等，与孩子意见不同的时候要一起讨论，而不是压制和要求孩子绝对服从。

同时，当家长自己在外面与他人遇到冲突时，要避免使用辱骂以及暴力的不文明方式，而是尽量采取非攻击性解决方法，理性处理事情，给孩子树立理性处理问题的好榜样。

思考

你的父母平时处理事情的方式是什么样子的？你认同他们的做法吗？

（2）构建和睦的亲子关系，培养孩子的自信心

在家庭中，家长要与孩子建立和睦的亲子关系，在做孩子长辈的同时，也要做孩子的朋友，让孩子能够轻松、真诚地和家长交流自己的情况，这样家长才能了解孩子的心理和行为问题，并及时进行解决。从而也可以减少孩子的攻击性行为和受欺凌行为，让孩子受到欺凌时也愿意和家长沟通讨论，防止事情的严重化。

家长要充分重视孩子与同伴交往的需要，鼓励孩子多参与班级集体活动，提升孩子同伴交往的能力、应对冲突与矛盾的能力和自主应对挑战的信心。在平时的生活中，家长需要积极寻找孩子的闪光点，及时给予鼓励和肯定，帮助孩子建立自信心。因为自信心是一个人成功的关键，也是孩子战胜校园欺凌的重要因素。同时，家长要教育孩子，如果他和别人在某些方面不一样，这也没有什么关系。让孩子明白这一点，可以使孩子形成坚定的自我价值认同感，感到自己也同样被尊重。

（3）培养技能，让孩子学会保护自己

家长每天应该督促孩子进行身体锻炼，让孩子拥有强壮的体魄。在条件允许的情况下，可以让孩子参加自卫训练，这可以大大提高孩子的自我尊严，减少他成为被欺凌者的可能。家长要教育孩子不要去挑逗欺负别人，不要主动与同学发生矛盾、一旦发生要及时找老师解决。家长要教育孩子上学与放学路上尽可能结伴而行，不要走僻静、人少的地方；天黑之前回家，不要在路上贪玩。同时，家长要告诉孩子，遇到欺凌时，要选择恰当的自我保护方式。

（4）提升正气，科学求助

家长要告诉孩子，遇到校园欺凌，首先可以大声警告对方，让他们明白自己的所作所为是违法违纪的，将会受到法律的制裁，将会为此付出代价。同时，一定要沉着冷静，采取迂回战术，尽可能拖延时间。受到校园欺凌之后，很多人都会被威胁说如果报案的话会受到更严重的伤害，作为家长应该告诉孩子，碰到这种事情不要沉默，也不要以暴制暴，要用法律的方式来解决。

在教育孩子保持冷静的情况下，家长自己也应该保持冷静，并把发生的情况及时告诉孩子的老师或者校长，情况严重的话可以报警。

3.及时干预，降低伤害

家长是孩子最亲近的人，当孩子遭遇校园欺凌后，家长应该采取以下措施：

（1）保护心理，细心倾听

如果孩子受到了身体欺凌，那就要及时为孩子进行身体方面的治疗。需要注意的是，除了身体治疗，更需要重视心理和情感治疗，若发现孩子表现出恐惧、焦虑、忧郁等现象，不要急于改变或者回避感受，要耐心倾听和接受孩子这些创伤，再与孩子一起改变。而对欺凌别人的孩子，家长如果只是直接批评指责，就会让孩子觉得家长根本不理解自己，内心得不到满足，下次还会出现欺凌别人的情况。

（2）给予安慰，重建信心

一旦孩子卷入校园欺凌事件中，其对外界的安全感和信任感就会降低，遭遇校园欺凌的孩子有时需要在家里调整一段时间。这时，家长需要给予孩子更多的安慰和陪伴。必要时，家长可以请假在家和孩子做些有兴趣的事情，帮助孩子重新建立对社会的信任。如果校园欺凌事件特别严重，家长应及时寻求专业心理医生的帮助和指导。这不仅包括被欺凌的孩子，也包括实施欺凌的孩子。

2016年12月，一篇题为《每对母子都是生死之交，我要陪他向校园欺凌说不》的文章刷爆了微信朋友圈。北京某小学学生家长在文中称，孩子长期遭到同班两名同学的欺凌，被两人用厕所垃圾筐扣头。事发后，孩子出现失眠、易怒、恐惧上学等症状，经诊断为急性应激反应。此处，我们暂且不论这起事件不断发酵，变得如罗生门一般的扑朔迷离，这位家长在面对孩子被欺凌时候表现出的爱与勇气，是值得一般家长学习的。我们且听听她的心声：

“当看到等在校门口的儿子时，我还要努力忍住泪水向他微笑，我是妈妈，我要为了我的孩子而战斗，我要在他受到伤害时不顾一切地站出来，我要告诉他寻求公正的方向，我要拼尽全力让阳光冲破雾霾照亮本该保护孩子的校园……

每对母子都是生死之交，无论多么艰难，妈妈都要带着十岁的儿子向校园欺凌说不！”

（三）学校层面

1.加强校园文化建设，构建和谐的教育环境

学校应该充分利用教育阵地，如黑板报、橱窗、走廊等，做好宣传辅助工作，努力营造和谐校园、书香校园，鼓励学生好读书，读好书，以良好的文化素养感染人。对学生进行普法教育，帮助青少年知法、懂法、守法，建立牢固的法律意识，让学生懂得相应的法律知识，学会用法律规范自己的言行，为将来走上社会打下良好的基础。

学校在构建和谐的教育环境中，首先要减轻学生的压力，减缓学生的厌学情绪，开展校园活动，缓解学生的叛逆心理。通过开设心理健康教育活动课、团体心理辅导、个人心理辅导等形式，让学生不仅学会学习，而且学会生存、学会合作、学会做人。其次要加强管理，制订措施，一方面将欺凌行为扼杀在萌芽状态；另一方面要及时纠正已经发生的欺凌行为，将反欺凌行为写进校规中，团委、政教处老师和班主任在课余时间要进行巡查。当发生校园欺凌时，学校和教师不能迁就欺凌者，对这一行为的反对态度要坚决，批评要严肃。

2.加强学生教育，提高学生的素质

学校需要加强教育，提升学生的心理素质、自身能力和法律意识。通过各种形式开展专题教育，如：国旗下讲话，即向学生宣讲什么是校园欺凌、校园欺凌的危害、校园欺凌的应对，以及向学生公布学校“校园欺凌”求助电话；主题班会，即通过班会深入讨论、分析“如何应对校园欺凌”；专题

讲座，即邀请派出所、司法所、法院等相关机构来学校开展专题讲座，进行宣传教育。

新闻链接

2018 年 3 月，重庆市江津区检察院检察官走进该区珞璜中学，通过播放真实案例、动画短片、你问我答、经历分享等多种形式，为 40 余名初一学生上了一堂生动的“向校园欺凌说不”主题法治教育课。在你问我答和经历分享环节，同学们主动与检察官互动，发表自己对校园欺凌的看法。课后，检察官向在场学生发放了《“莎姐”在身边》《“莎姐”讲故事》等法治教育读本，并介绍了江津区“莎姐”青少年维权岗的联系方式，鼓励师生积极与“莎姐”检察官联系，共同维护未成年人的合法权益。

学校还应培养学生的人际交往能力，教会学生在日常生活中以积极的态度与人交往，以诚恳、谦虚、宽容的态度对待他人，学会控制情绪和解决矛盾的技巧，以及与异性正确交往的方式。此外，学校还应该创建多元化的课外活动，改善校园环境和人际关系，培养学生健全的人格。

3.注意与家庭教育的结合

在预防与应对校园欺凌方面，仅仅凭借学校是不够的，学校要联合家庭、社会的力量，三位一体，共同预防和应对校园欺凌。学校老师要注意与家长之间的沟通，多方面了解学生，共同解决问题。学校要定期召开家长会和家长访谈会，对家长进行培训，让其掌握与孩子的沟通技巧。要特别关注被欺凌和欺凌最多的学生，积极引导其家长在家庭教育中发挥应有的作用。

4.形成制度化的管理规范

针对校园欺凌事件的处理，学校要制订长远的反欺凌工作计划，将欺凌现象的防治列入校规中，以此来增加学生和教师对欺凌行为的了解，同时也强调学校面对欺凌的立场。

（1）明确校规校纪

学校除了给学生创造一个良好的校园氛围之外，还需要在制度上对校园欺凌进行预防和应对。学校要把欺凌行为的明确定义以及处理步骤列入校规执行并形成约束力，在遏制欺凌行为的同时也能教育学生用正确的方法处理校园欺凌。

（2）成立专门的机构

学校应该和家长、社会共同成立校园欺凌预防委员会，专门负责管理校园欺凌。具体人员和分工要明确清晰，具体任务落实到相应的人员身上，做到事事有专人负责。

（3）加强校园周边环境治理

学校要完善校园24小时无死角监控体系，要求监控中心值班人员认真负责，通过校园监控及时发现校园内的学生打斗及欺凌行为。对于学生之间出现的欺凌行为，学校要根据监控录像和证词，依法严肃处理。

（4）培训教职工正确应对校园欺凌

学校要定期召开教职工会议，组织教职工集中学习对校园欺凌事件预防和处理的相关政策、措施和方法，强化教职工的反校园欺凌意识。

知识小链接

校园反欺凌十大措施

1. 惩罚。对欺凌者予以警告，并记录欺凌现象。

2. 欺凌盒。鼓励学生将自己的心里话写在纸上并放入箱子以备教师查看。教师借此了解情况，并判别内容真伪。

3. 欺凌法庭。英国一些地方的学校设立了针对欺凌问题的校内机构，以便解决学生中存在的严重欺凌问题。

第五章
校园反
欺凌措施

4. 咨询。在欺凌事件出现后，由教师和其他人员对欺凌和被欺凌双方进行咨询。学校最好能配备专业咨询人员。

5. 调解。通过第三方、教师或学生，介入当事人双方进行调解。此方法在许多情况下很有效，只是有时欺凌者由于不想终止欺凌行为等而不愿意参加，而受害者往往也由于自己没有过错而感到协调结果的不公平。

6. 同伴咨询。一些中学委派高年级学生担任同伴咨询员，并对他们进行基本培训，主要工作是了解和处理轻微的校园欺凌事件。

7. 报告系统。这个做法已经十分普遍，许多学校建立了有效的记录学生行为的报告制度，以避免对欺凌现象的忽略。

8. 安全室。有的学校还专门设立了安全室，在课余和午餐时间向部分可能受欺凌的学生开放，以避免欺凌现象的发生。

9. 电话救助热线。英国许多地方设立了针对儿童问题的热线，请志愿者和专业人士协助解决包括欺凌在内的儿童问题。一些学校还设立了处理学生纪律和欺凌问题的内部热线。

10. 谈话。这被看作最为重要的方法，因为只有包括学校、学生、家长、教师等在内的所有各方一起高度关注欺凌问题，并探讨如何避免和解决此类问题，才有可能有效减少欺凌现象的发生。

思考

你所在学校有哪些应对和预防校园欺凌的举措？你认为学校在校园欺凌方面还需要做出什么样的努力？

（四）社会层面

1.完善相关法律法规

我国当前针对校园欺凌行为的相关法律法规还不健全，这就需要全社会贡献力量，立法机关明确立法，完善我国关于校园欺凌的法律法规，以此更好地保护被欺凌学生和给予欺凌者以相应的惩罚。

2.建设良好的社会文化环境

全社会要营造良好的、和谐的、温馨的环境，共同抵制校园欺凌现象，多加关注被欺凌者并给予他们更多的爱与信任，而对欺凌者要多加引导和教育以让其回归正途。

3.采用相应的技巧手段

新兴起的网络欺凌在大众视角中频频出现，应该引起社会的关注。其中，要针对未成年人设定技术防线。例如韩国和日本已在青少年使用的智能手机中推广可预防网络欺凌的安全软件，该软件可以自动收集网络欺凌言论并上报，网络上的暴力威胁言论将被自动阻止。